毎日新聞東京社会部

遠藤浩二

追跡 公安捜査

毎日新聞出版

追跡　公安捜査

はじめに

警視庁公安部――。本来、国家や国民の安全を守るための組織が、大きな過ちを犯した二つの事件がある。今から30年前の1995年3月に東京都荒川区で起きた「警察庁長官狙撃事件」、そして、2020年3月に横浜市の中小企業の社長ら3人が、不正輸出の疑いで逮捕、起訴された「大川原化工機事件」だ。前者は、日本警察のトップが撃たれたにもかかわらず、犯人の特定には至らずに公訴時効を迎えた。警察史に残る前代未聞の事件は、未解決で終わった。後者は、起訴後の勾留中にがんが見つかった技術者が、満足な治療を受けられずに被告の立場のまま亡くなった。その後、起訴が取り消され、無実だったことが判明した。社長や遺族らが起こした国家賠償請求訴訟の1審・東京地裁判決は、公安部の捜査を違法と認定した。

公安警察は、警察組織の中でも極めて秘匿性が高く、捜査の実態が表になることはほとんどない。私は19年からこの二つの事件の取材を通じて、公安警察の実態を追った。捜査に従事した現場の捜査員だけでなく、公安部長、警視総監といった歴代の警察幹部らにも話を聞いた。その中で見えてきたのは、公安警察は、この30年の間、同じ過ちを繰り返しているということだ。功(逮捕)を焦り、一度決めた方針を改めず、立件する上で都合の悪い証拠は排除し、失敗の道へと突き進んでいたのである。

私は一人称形式で、主に大川原化工機事件の捜査に迫る連載「追跡　公安捜査」を、24年6

月に全10回を毎日新聞デジタルに、8〜10月に全22回を紙面に掲載した。読者や同業他社、法曹関係者から多くの反響があった。この連載の目的の一つに、あまりにも恣意的な捜査によって、人の命が奪われたことを多くの人に知ってほしいという思いがあった。「多くの人」の中には、現職の警察幹部も含まれる。私は警視庁を担当したことは一度もないが、心ある現職の警察幹部の目に記事が留まり、内部から検証すべきだという声が上がることをひそかに期待していた。しかし、私の考えは甘かった。警視庁側の国賠訴訟の控訴審での主張や、私の質問に対するこれまでの警視庁の回答を見る限り、1審判決で、捜査を違法と認定されたにもかかわらず、現実から目を背け、嘘に嘘を、隠蔽に隠蔽を重ね、組織防衛にひた走っていることが分かった。ならば、私も考えを改めないといけない。

二つの事件の捜査がどれほどデタラメだったのか――。私が、これまでの取材で集めた証言や資料を基に、知り得る限りの全てを本書で明らかにすることにした。狙撃事件に関しては、取材の詳細を世に出すのは初めてとなる。また、以前の連載や、大川原化工機への捜査の問題点を指摘する記事は、あくまでも新聞社の名で世に出しているため、様々な制約があった。紙面では、公の法廷で証言した捜査員の名前すら実名で出せず、警視庁に対する批判のトーンは、上司らの了承を得るうちに弱まっていった。本書では、そのもどかしさを取り払い、新しい要素もふんだんに盛り込むことにした。

公安部は、長官狙撃事件が公訴時効を迎えた10年3月まで、一貫してオウム真理教の犯行とみて捜査を進めた。一方、刑事部捜査1課が真犯人とみていたのは、教団とは全く関係のない男だった。問題なのは、この男が「自供」し、数々の客観的な証拠があったにもかかわらず、公安部は教団の犯行として幕を下ろすために、その捜査を妨害し、真相解明を阻んだことだ。私は、警察ですら口を割らせることができず、この事件を追う記者が誰もたどり着けなかった「真犯人の支援者」とされる人物から、事件のことを聞き出すことに成功した。本書では、その取材過程も詳細に記した。

大川原化工機事件は、国賠訴訟が現在も続いている。人々の暮らしを豊かにするための機械を製造していた社員約90人の中小企業が、ある日突然、公安部に狙われた。取材を通じて見えたのは、事件を一からつくり上げる強引なプロセスだ。無念の死を遂げた技術者の遺族はこう語った。「最初は捜査不足で冤罪になったと思っていたが全く違った。これは警察による犯罪だ」。遺族がなぜここまで言うのか。本書を読んでいただければ、その理由は分かるはずである。

今年２０２５年は、長官狙撃事件の発生から30年を迎える節目の年だ。5月には大川原化工機の国賠訴訟の控訴審判決が言い渡される。組織とは、権力とは、報道とは――。二つの事件を通じ、多くの方が改めて考えるきっかけになればと切に思う。

追跡　公安捜査　目次

第2章 公安と特命捜査班

第3章 なぜ事件はつくられたのか

第4章 公安に狙い撃ちされた企業と人

第5章 次々浮上する捜査の問題点

第6章 正義のありか

付録

装丁・本文デザイン：木庭貴信＋青木春香（オクターヴ）
カバー・本文写真：毎日新聞社

序章

法廷で飛び出した爆弾発言

「確かに捏造と言いました」

２０２３年６月30日。前日から続く梅雨空の東京・霞が関――。新聞・テレビ各社のブースがＬ字型の通路沿いに並ぶ司法記者クラブの中でも、窓がない毎日新聞のブースはひときわ狭く圧迫感がある。背丈より高い棚には、埃をかぶった過去の事件ファイルや新聞のスクラップが並ぶ。各社のブースを仕切る薄い壁の天井近くだけは防災上の理由で空間が設けられているが、おかげで、小声で話さないと話は筒抜けだ。

約２カ月前に最高裁の担当になった私は、この決して良好とは言えない記者クラブの一角で、インスタントコーヒーを飲みながら翌月に判決のある訴訟資料に目を通していた。

ところが、のんびりとした雰囲気は、突如ブースの外から聞こえた騒々しい足音と、後輩記者の慌てた報告で一気に破られた。

「捏造って言ったんですけど」

この日は、午前10時から、大川原化工機株式会社（横浜市）の社長らを原告とする国家賠償請求訴訟が行われていた。その捜査に携わった警視庁公安部の現職警察官４人の証人尋問で、思いもよらない発言が飛び出したという。

「本当にそんなこと言ったの？　マジで？」

驚きながら確認するキャップに、「確かに捏造と言いました」と断言する後輩記者。

捏造——？　傍らで二人のやりとりを聞いていた私は、その言葉の重みに底知れない衝撃は受けたものの、それが意味する本当のところはまだつかめていなかった。ただ、漠然と、何かが動く、そして自らも動かなければならないと感じていた。

大川原化工機事件とは

カップラーメンの粉末スープや、インスタントコーヒー、抗生物質。身近な製品が今回、事件の核となった噴霧乾燥器と呼ばれる機械で製造されていることはあまり知られていない。噴霧乾燥器は、液体を霧状に撒（ま）いたところに付属のヒーターで熱風を送り、水分を蒸発させて粉末にする機械だ。別名スプレードライヤとも呼ばれる。食品、医薬品、洗剤に始まり、顔料、染料、電子部品に用いられるセラミックスまで、あらゆる製品の製造過程に使われる。一方で、悪用すれば生物・化学兵器の製造に転用される恐れがあり、国際的には２０１２年、国内では13年10月から輸出規制の対象になった。ただし、全ての噴霧乾燥器の輸出が禁じられているわけではなく、特定の要件を満たす機械が規制対象となる。

従業員は約90人と中小企業の規模ながら、国内ではこの機械のリーディングカンパニーとして知られる大川原化工機が、警視庁公安部の家宅捜索を受けたのは18年10月。

そして、その約1年半後の20年3月。任意の捜査に協力してきた大川原化工機にとって青天の霹靂とも言える事態が起きる。大川原化工機の社長ら3人は、経済産業相の許可を得ず噴霧乾燥器を中国に不正輸出したとして、外国為替及び外国貿易法（以下、外為法）違反で逮捕・起訴された。5月には、別の型の機械を韓国に不正輸出したとして再逮捕され、翌6月に追起訴された。

驚くのはこの先だ。東京地検が、初公判のわずか4日前の21年7月30日、突然起訴を取り消した。起訴取り消しとは、そもそも法律に違反する犯罪事実がなく、無実だったということを意味する。裁判所が有罪、無罪の判決を下す前に起訴したはずの東京地検が白旗を上げたのだ。起訴取り消しは極めて異例で、地検だけでなく、東京高検、最高検を含め、検察組織全体としての判断になる。唐突に下された決定に対し、大川原化工機の大川原正明社長（75）、元取締役の島田順司さん（71）、そして、長期にわたる勾留の中で体調を悪化させ、保釈請求も認められず、被告の立場のままこの世を去った元顧問の相嶋静夫さん（享年72）の遺族らが、真実を明らかにするために起こしたのが、今回の国と東京都を相手取った裁判だった。

その裁判のさなかで飛び出したのが、現職警察官による「捏造」発言である。

取材開始。捜査の内幕を追う

罪を犯したと疑われた人が捜査機関に逮捕、起訴され、裁判にかけられる「国家権力VS.個人」

という構図の刑事事件とは違い、民事事件は主に「個人VS.個人」の争いだ。賠償請求額は1円から、弁護士を付けなくても誰でも裁判を起こせるため、判決が出るまでどちらか一方に肩入れした報道をすることはほとんどない。

しかし、現職警察官2人が捜査を批判し、うち1人は捏造とまで言い切った。この証言は重い。「捏造」とだけ聞いても、どれだけ深掘りできるかはとっさには量りかねたものの、ただ判決を待つのではいけないと感じた。公安部内で捜査当時何が起きていたのかを独自に検証する必要がある。明らかに局面が変わったと思った。

メディアの報道は大きく「発表報道」と「調査報道」の二つに分けることができる。「発表報道」とは、警察や検察、役所といった当局の発表を受けて報道するタイプ。ストレートニュースともいう。日々のニュースの大半は発表報道で、「東京都内の民家で住人が襲われた事件で、警視庁捜査1課は強盗致傷容疑で男を逮捕した」「厚生労働省が公表した人口動態統計によると、2024年の出生数が初めて70万人を割る公算が大きくなった」などは、その典型だ。一方、当局に頼らず、独自取材でつかんだ事実を報じることを「調査報道」という。調査報道では、「毎日新聞の取材で判明した」などと、自社のクレジットを付けて報じるため、確固たる証言や客観的な資料が不可欠だ。そのためには、取材対象の組織内部にネタ元がいなければ成立しない。取材のハードルは高い上、長期間取材しても記事になるか分からない。相手から訴えられるリスクなどもあることから、敬遠されがちである。

そもそも事件記者の仕事の大半は、発表報道、調査報道にかかわらず、時間も体力も気力も使うことが多い。取材対象者が仕事を終えて帰宅するのを待ち構えたり、朝の出勤時に自宅から出てきたところで声をかけたりして情報を聞き出す、いわゆる「夜討ち朝駆け」は基本の「き」。最初から、気持ちよく喋ってくれる人などいるはずもなく、半年間「おつかれさまです」「バカヤロー。来るなって言ってるだろうが」の応酬を繰り返したこともある。肉体的にも精神的にもきつく、担当を避けたり、担当になっても辞めてしまったりする記者も多い。

当時、入社して15年。記者を続けるうちに、まだ一度も世に出ていない事実を表に出すことにやりがいを感じるようになっていた。また、理不尽な事件に巻き込まれた人の死や、事件解決に向けて捜査に励む捜査員に心が揺さぶられることが何度もあった。これまで夜討ち朝駆けに何千時間費やしてきたのか分からない。今回、捏造とまで言われた捜査の過程で人が亡くなっている。そして、自身の組織内での立場を顧みず捜査を批判した警察官がいる。関係者から話を聞き、隠された捜査の問題点を明らかにするのに、自分以上にうってつけの記者はいないと思った。

公安部の内情を探るべくさっそく取り組んだのは、捜査員のフルネームを調べ、自宅の住所を割り出す「ヤサ割り」と呼ばれる作業だ。今回の不正輸出の捜査を担当したのは、警視庁公安部外事1課5係。約20人の部署だが、人員が毎年少しずつ入れ替わるため、捜査に関わった捜査員は50人に上る。今回「まあ、（事件は）捏造ですね」や「捜査幹部がマイナス証拠を全て取り上げなかった」と指摘した2人の警部補以外にも批判的な捜査員は間違いなくいるだろう。これまでの経験から、ヤサが割れた捜査員を片っ端から当たり、感触のいい人に夜討ち朝駆けを繰り返せば、捜査の内情を聞けるという自信があった。

ところが、これからという時に、社内で取材にストップがかかった――。

そして、その後、捜査員から初めて話を聞くことができたのは、冒頭の捏造発言から4カ月も経った10月。序盤の取材はすっかり他社に先行されていた。

またか――。

すぐそこに取材対象者はいるはずなのに、取材が進められない。組織のふがいなさ、それに対する怒りを感じるよりも、真実に迫れないことが記者として許せなかった。

この感覚は初めてではなかった。以前から取材を続けている、ある事件のことが浮かんだ。

始まりは永遠の未解決事件

さかのぼること30年。1995年は年初から大きな災害・事件が続いた。1月に阪神・淡路大震災、2カ月後の3月20日には東京で地下鉄サリン事件が起き、世の中を震撼させた。そして、そのわずか10日後の3月30日午前8時半頃、國松孝次警察庁長官（当時）が、出勤時に

1995年（平成7年）3月30日　木曜日　（日刊）

MAINICHI
毎日新聞
夕刊

毎日新聞東京本社

国松警察庁長官　銃撃される

荒川

白マスクの男逃走

自宅前で出勤途中　腹部など4発、重傷

国松長官

国松警察庁長官が銃撃された東京都荒川区南千住の「アクロシティ」Eポート＝30日午前9時半、本社ヘリから

「オウムの捜査やめろ」

日朝4党

合意書に署名へ

文案などトップ会談で決着

銀の責任指摘

要因、金融政策も

NEWSLINE

カギ握る中国　2

刑務所の実態は？　10

大学の単位、一足先に“規制緩和”　4

近藤豊衆院議員に実刑判決　13

あすの天気

國松警察庁長官狙撃事件を伝える紙面＝1995年3月30日、毎日新聞夕刊

東京都荒川区南千住の自宅マンションを出たところで何者かに拳銃で撃たれた。

長官は搬送先の病院で約10リットルの輸血を受けるなど一時は重篤な状態となった。

現職の警察のトップが白昼堂々と狙撃される――。前代未聞の一大事である。本来であれば、本筋の刑事部が全力を挙げて捜査すべき事件だ。しかしこの時ばかりは事情が違った。先に挙げた、地下鉄サリン事件である。14名が死亡、6000人以上が重軽傷を負う中、本来、殺人未遂事件の捜査を担うはずの刑事部が手いっぱいだったこともあり、この事件を捜査したのが警視庁公安部だった。公安部は、「オウム真理教の犯行」という見立てで捜査を進めたが、最終的に殺人未遂の犯人を立件することはできず、2010年3月に公訴時効を迎えた。

さらに、事件は未解決になったにもかかわらず、公安部長が時効会見で「オウム真理教による組織的・計画的テロ」とする捜査結果概要を公表した。のちに教団の後継団体に名誉棄損訴訟を起こされ、警視庁側は敗訴するという失態を重ねた。

一方で、本筋の刑事部も手をこまねいて公安部の〝失態〟を看過していたわけではない。警視庁刑事部捜査1課を中心とした特命捜査班は、教団とは全く関係のない、ある人物を真犯人とみて捜査していた。その人物は「私が長官を撃った」と自白していた。その供述を裏付ける多くの物証があったにもかかわらず、公安部の抵抗に遭い、立件には至らなかった。じつは、私はこの事件と〝真犯人の支援者〟を数年前から追っていた。

大川原化工機の裁判で、現職警察官が捏造と証言したと聞いた時、とっさに「また公安がやらかした」という言葉が口をついて出た。そして、大川原化工機の捜査に携わった人から初めて話を聞けた時、言われたのも同じ言葉だった。

「あまりにも組織が変わらない。また同じようなことをやりますよ」

そう、「また」なのだ。公安部の「見立てに沿わない証拠は捨て、見立てに沿う証拠だけを集める」という捜査手法は、30年前から何一つ変わっていない。

いや、変わっていないのは公安部だけではないのかもしれない――。

第1章

未解決事件の真相を追う

公安とは

大川原化工機事件、そして、30年前の國松孝次警察庁長官狙撃事件で強引な捜査を進め、大きな失敗を招いた「公安」とは、そもそもいったいどんな組織なのか。

二つの事件からは少し話がそれるが、公安部の成り立ちや性質を知ると、公安という組織を理解しやすくなるかもしれない。

「公安」と付く組織には、逮捕権などの執行力を持つ警察を管理・監督するために国と各都道府県に置かれた公安委員会、法務省の外局として破壊活動防止法や団体規制法などに基づいて公共の安全を図ることを目的として設置された公安調査庁、警察庁と各道府県警の警備局にある公安課、そして、今回問題になっている警視庁公安部がある。

戦前、国内の治安維持は「特別高等警察（特高）」がその役割を担っていたが、GHQ（連合国軍総司令部）の人権指令（自由を抑圧する制度の廃止を命じること）によって、治安維持法とともに廃止された。戦後、デモが活発になり、過激派も台頭してきたことから、1952年に警視庁警備第2部の中に公安1〜3課を置いた。57年に、警備第2部から改称されて誕生したのが公安部だ。他の道府県警には公安部はない。警備部の中に公安課や外事課があり、公安警察の業務を担っている。公安部は警視庁にしかない唯一の組織で、公安部長には地方の県警本部長を経験した後で着任することも多い。公安部長は、多くの県警本部長よりも〝格上〟なのだ。

警視庁は、2024年度の職員採用サイト内で、公安警察を次のように説明している。

「国民の安全・安心を確保するため、国際テロ組織、過激派、右翼などによるテロ、ゲリラの未然防止に向けた諸対策をはじめ、各種違法行為の取締り、北朝鮮による拉致容疑事案などに対する捜査、対日有害活動の取締り、サイバー攻撃に係る捜査や対策、NBC（核・生物・化学物質）テロへの対応などを強化推進しています」

しかし、その詳しい実態はベールに包まれており、公安部は対外的には人員すら公表していない。さらに、捜査拠点をどこに置いているかを明らかにせず、保秘を徹底していることがほとんどだ。例えば、刑事部であれば、殺人などの重大な事件が発生した場合、「帳場」と呼ばれる捜査本部が設置される。その際、「○○殺人事件、特別捜査本部」などと事件名が書かれた看板を部屋の入り口に掲げるが、公安部ではそのような動きは見られない。

「デカ」の顔をしていない捜査員たち

関係者によると、2023年5月の段階で、公安部の定員は1504人で11部門体制。内訳は、公安総務課290人▽公安1課176人▽公安2課125人▽公安3課119人▽公安4課74人▽外事1課113人▽外事2課179人▽外事3課75人▽外事4課169人▽

サイバー攻撃対策センター114人▽公安機動捜査隊70人。

公安部の「公」の字がカタカナの「ハム」に見えることから、隠語で「ハム」と呼ばれる。公安1課は「ハムイチ」、公安2課は「ハムニ」だ。一方、外事は「ガイジ」と読むが、「外」の字の訓読みから、外事1課は「ソトイチ」、外事2課は「ソトニ」と呼ばれている。

外事1〜4課は担当地域等が決まっており、2課が中国、3課が北朝鮮、4課が中東の過激派組織や国際テロ、そして1課は中国、北朝鮮以外という分け方をしている。大川原化工機を捜査したのは外事1課5係だ。

外事1課は1〜5係まであり、1係は庶務、2係は在日大使館の窓口となっている。3、4係はロシアを担当するが、3係はロシアと取引をしている企業などの情報を集め、4係は工作員や防衛関連の人たちへの接触を図っている。そして、5係は不正輸出事件の担当だ。大川原化工機は中国と韓国に機械を不正輸出したとする容疑をかけられたが、この事件では中国担当の外事2課の捜査員も応援に入っていたという。

公安捜査員は、いわゆる強面の「デカ」の顔をしていない。大阪府警が「はよ、開けんかい。コラ、ボケ」などと言って、暴力団の組事務所の家宅捜索に入るニュース映像を見たことがある人もいるかもしれないが、そこで映ったような屈強な警察官は、公安捜査員にはいない。警察官と見破られずに相手に接触したり、潜入捜査をしたりするためだ。一目で警察官だと分かる人は向かないのである。

通常、刑事部は事件が発生してから動くのに対し、公安部は事件を未然に防ぐのが目的だ。そのため、ある公安部の捜査員は、「公安部は目的のためには手段を選ばないのが正義というようなところがある。公安だけは国を守るためには法律を変えてもいいくらいのことを平気で思っている。監視対象者にＧＰＳを付けたり、法に触れるようなことを平気でやっている。そういう組織だ」と明かす。

１９９５年は警察とオウム真理教の全面対決の年だった。前述したように、本来は事件を「未然」に防ぐことを主眼に置く警視庁公安部が、地下鉄サリン事件で刑事部が手いっぱいだったために、「既遂」の狙撃事件の捜査を担うことになった。いったいどのような経緯で失敗の道を突き進んでいったのか。なぜ、真犯人が名乗り出ていたにもかかわらず事件は未解決のまま時効を迎えることになったのか。

私は95年3月に小学校を卒業した。地下鉄サリン事件のニュース映像は鮮明に覚えているが、狙撃事件はほとんど記憶にない。そんな私が、この〝大事件〟に関わることになった経緯から話を始めたい。

それは今から5年ほど前の一本の電話がきっかけだった。

突然かかってきた電話

２０１９年９月、大阪の特別報道部に所属していた私は、九州の海沿いの町で車を走らせていた。数カ月前から取材を続けていたある事件の進展の鍵を握る人物に会うための出張だった。空港で借りたレンタカーを岸壁のそばに止め、話をどう切り出すか作戦を練る。シミュレーションを終え、短くなった2本目のたばこをもみ消し、歩き出した時だった。ズボンのポケットに入れていたスマホが鳴った。

画面には、別の取材でたまたま知り合った元自衛官の男性の名――大城択矢（仮名）――が表示されていた。以前、彼の知人が巻き込まれた詐欺事案に電話で何度か相談に乗ったことがあったものの直接会ったことはない。また何かの相談だろうか？　通話ボタンをタップして出ると、挨拶もそこそこに、大城は電話の向こうでいきなり用件をまくし立てた。

「ＮＨＫが長官狙撃事件を取り上げたんですけど、私の写真がテレビに映ったんです。モザイクがかかっていたんですけど、見る人が見たら私だと分かる。ＮＨＫを訴えたいんです。どうすればいいですか？」

長官狙撃事件？　ＮＨＫを訴える？　いったい、何のことを言っているのか？

全く話が呑み込めない。大城はこちらの都合などおかまいなしに喋り続けた。

「中村さんの共犯者として時効直前に京都刑務所で取り調べを受けた」

「中村さんと初めて会ったのは1993年、ハリウッドの郵便局」

「中村さんが警察官を撃った際、拳銃は生駒（いこま）（奈良県）に隠していた。國松長官を撃った拳銃も捨てていないはず」

「NHKの番組の最後で弁護士が地図を広げる場面がある。私が相模湖（さがみこ）（神奈川県）周辺の国土地理院の地図を中村さんに差し入れた」

「中村さんとは、今でも手紙のやりとりを続けている」


大城が言うNHKの番組は見ていなかったが、以前、『警察庁長官を撃った男』（鹿島圭介著／新潮文庫）という本は読んだことがあった。たしか、事件当時、警視庁刑事部が「中村泰（ひろし）」なる人物を真犯人とみて捜査していたが、オウム真理教の犯行という見立てを崩さない公安部は、中村の逮捕を認めなかったという話だったような……。大城の言葉の端々に上る「中村さん」とは、中村泰のことだろうか。ということは、この電話の向こうにいる大城は、あの未解決事件の共犯者？　そんなことがあり得るのか？　あまりにも唐突な話に頭が混乱していた。

「出張から戻ったら一度会いましょう」

直前に組み立てた取材のシミュレーションが飛んでしまわないよう、とりあえず会う約束を取り付けて電話を切った。

大阪に戻り、大城が問題にしていたＮＨＫスペシャル「未解決事件　File.07　警察庁長官狙撃事件」を見た。初回の放送は1年前の２０１８年9月にあったようだ。中村の支援役として元自衛官だという人物――これが大城なのか？――が取り上げられていた。元自衛官の顔写真と前科前歴がモザイクをかけて映し出され、「特命班は共犯者の可能性がある元自衛官で銃に詳しい男を割り出した。任意で元自衛官を調べたが、残された時間で事件に関する供述を得られるには至らなかった」というナレーションが流れた。さらに、番組は、中村と連絡を取っているという弁護士が、赤いペンで印が付けられた地図を広げ、その場所を金属探知機で捜索する場面で終わっていた。

大城が指摘したシーンは番組内に確かに存在していた。

曖昧だった中村のことも当時の記事や書籍であらかた確認した。

中村泰。１９３０年、東京生まれ。この男こそ、95年3月に起きた警察庁長官狙撃事件について「私が撃った」と自白し、警視庁刑事部捜査1課を中心に結成された特命捜査班が真犯人とみていた人物だ。東京大学を中退後、56年に職務質問をしてきた警視庁の巡査（当時22歳）を射殺。殺人罪などで無期懲役判決を受け、76年に仮釈放されるまで約18年間、千葉刑務所に収容された。その後、２００１年に大阪、02年には名古屋で現金輸送車襲撃事件を起こし、強盗殺人未遂罪で〝2度目の〟無期懲役が確定して服役していた。

すぐに大城に電話をした。会って話をしたいと言われると思ったが、九州で受けた電話の勢いはどこへ行ったのか、忙しくて会えないという。その代わりなのか、後日、中村から届いたという年賀状のコピーが郵送されてきた。その後も何度か電話でヤクザがらみの情報を伝えてきたことがあったが、直接会うことは頑なに拒み続けていた。

調査報道はうまくいかないことが多い。10個のネタがあっても、記事になるのは、よくてもせいぜい2、3個くらいだろう。リサーチ段階では同時並行でネタを走らせる。そうしているうちに、記事になる見通し、つまり核となる証言や証拠が手に入りそうになったら全ての力を投入する。なぜなら、最初から一つのネタに全力を注いで途中でそれが潰れた場合、また一から取材を始めなければならないからだ。その間、原稿が全く出ないようではプロとは言えない。

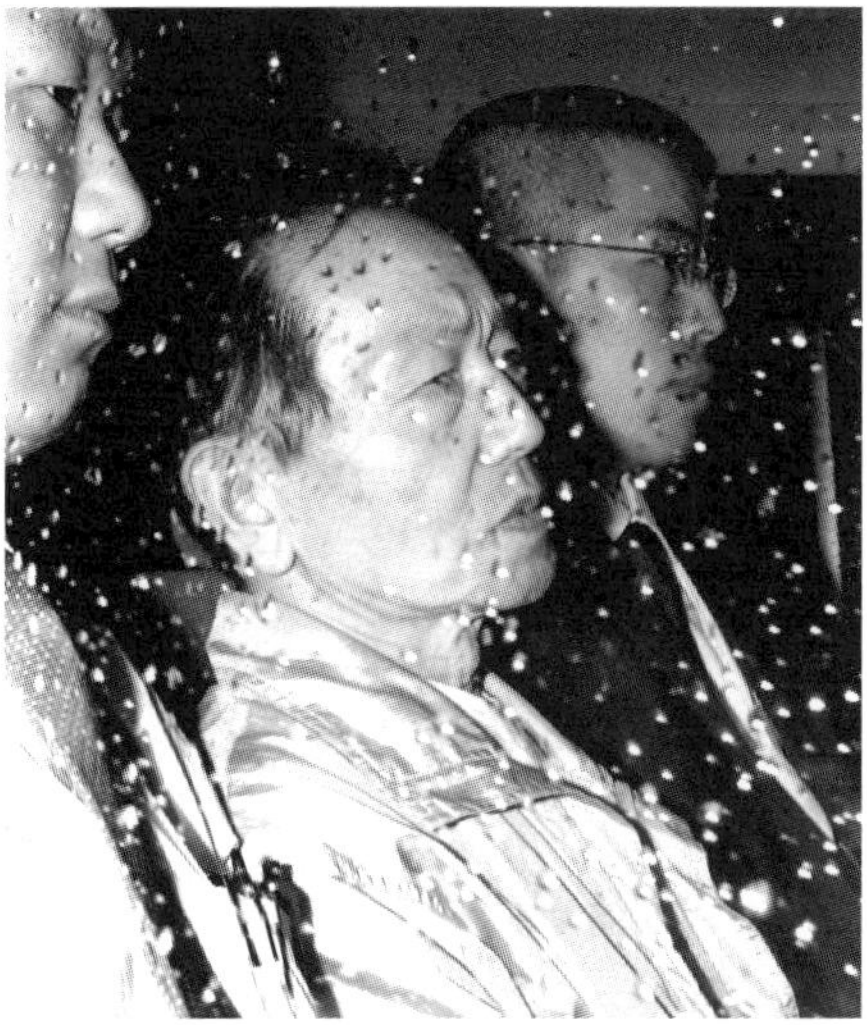
大阪・現金輸送車襲撃事件で逮捕・護送される中村泰容疑者＝2004年6月11日撮影

大城の話が本当だったら、とんでもないスクープになることは間違いない。警察庁長官狙撃事件は、1968年に東京都府中市で起きた現金強奪事件の「3

億円事件」、84〜85年に阪神間で起きた企業恐喝事件の「グリコ・森永事件」に匹敵する未解決事件だと私は考えていた。事件の核心について話してくれる日が来るまで気長に待つしかない。電話やメール、時には手紙でやりとりを続けた。

そんなやりとりの中、大城はぽつり、ぽつりと中村に関することを吐露し始めた。

「Nスペの放送を見て腰が抜けるほどビックリし、眠れないまま翌朝仕事に出ました。写真の出所はどこだろうかと考えていたらトラックから落ちて足首の靭帯(じんたい)を断裂しました」

とメールが来たこともあった。九州で大城の電話を受けてから1年が経った2020年9月には、1カ月前に中村から届いたという手紙のコピーが郵送されてきた。手紙の文面には、「パーキンソン病と白内障が進行し、満足に字が書けない」などと近況が綴られていた。コピーの端には、「中村さんも長くはないようです」と大城の癖のある文字で書き込みがある。嘘を言っているようには思えなかった。

そんなゆるやかなやりとりが続く中、21年4月に私は大阪から東京に異動になった。東京では裁判担当になった。6月まではメールで連絡を取り合っていたが、しばらく途絶え、再び大城からメールが来たのはようやく東京の仕事にも慣れてきた11月のことだった。

「明日、運試しでDV裁判に並んでみます」

東京に来ているらしい。DV裁判とはメールが来た翌日の9日に東京地裁で予定されている、グラビアタレントの妻を平手打ちにしたとして男性が暴行罪に問われた刑事裁判のことだろう。別の用事で東京に来たついでに、この裁判の傍聴券が当たるかを試すらしい。ただ、当たっても傍聴しないとも書いてある。私が東京で裁判担当になったということは以前にも伝えてあった。ひょっとすると、私に会うためにで理由をつくって足を運んでくれたのかもしれない。地下鉄・霞ケ関駅構内にある喫茶店「ドトール・コーヒー」で待ち合わせを約束して、翌日を迎えた。

何度もやりとりをしていたものの、大城と直接会うのはこの時が初めてだった。小さなテーブルを挟んで向かい合って座る。カヤックや山登りが趣味だと聞いていたが、彼は想像よりも大柄でがっちりとした体格だった。

「指名手配を受けて逃げていました。今は大丈夫です」

これまで私と会わなかった理由をこう説明した。以前からヤクザの話や、何かとトラブルに巻き込まれているという話を聞いていたので、さほど驚かなかったが、指名手配とは穏やかではない。

軽く雑談をした後に、私はジャブ程度に本題に切り込んだ。

「中村さんから撃ったという話は直接聞いているんですか？」

「撃ったという話は聞いてますよ。京都刑務所にいた時に警視庁の捜査員が来ましたけど、余計なことを喋ったら人生終わってしまうから、『全く知りません』で通しましたよ」

大城は不敵な笑みを浮かべた。もう少しいけるだろうか？　突っ込んでみる。

「実際はどうなんですか？」

「どうなんですかね？　ははは。知らない、でいくつもりですけど」

得意のはぐらかしだが、ようやく会えたこの機会を逃すわけにはいかない。

「もう大城さんが罪に問われることはないじゃないですか。真相を明らかにしましょうよ」

「父親とは仲が悪いんでどうでもいいんです。母親だけには迷惑かけたくないんですよ」

大城は自分が狙撃事件に関与したと話すことで、実家にメディアが殺到し、母親に迷惑がかかることを心配していた。話せない理由が分かっただけでも収穫だ。理由が分かれば、次の一手を打つことができる。傍聴券の配布時間が近づいてきたのでいったん話を切り上げ、2人で喫茶店を出た。

東京地裁は、傍聴希望者が殺到しそうな裁判の場合、番号が印字されたリストバンド型の整理券を配る。その後、ウェブで抽選番号を発表し、リストバンドの番号と一致した人に傍聴券を渡す。私たちはリストバンドを巻きながら、私の出身地や家庭の話など、とりとめのない会話を続けた。

当事者を除けば、おおよそ芸能メディアしか興味のないだろう裁判の傍聴券を求める列に、警察庁長官狙撃事件の真相解明につながる超重要人物と、その口を割らせようとしている記者が並んで会話をしているとは誰も思わないだろう。結局、2人とも抽選には外れた。

「また、12月に東京に来ると思います」

大城はそう言って、東京地裁を後にした。やはり、裁判の傍聴うんぬんは単なる口実で、私の人となりを確認したかっただけなのかもしれない。何が功を奏したのか、この日を境に大城との距離は急速に縮まり、毎日連絡を取るようになった。

大城とのやりとりと並行して、これまで世に出た、警察庁長官狙撃事件に関する報道や書籍のほぼ全てに目を通した。中でも、中村を捜査した特命捜査班の班長、原雄一（はらゆういち）氏が書いた『宿命　國松警察庁長官を狙撃した男・捜査完結』（講談社文庫）は衝撃的だった。中村の捜査や公安部との確執が細かく描写されていた。取調官が自ら書いた捜査の「告発本」だった。文庫化される際に加筆された最終章では、２０１９年３月に中村の支援者と喫茶店で会って話をしたと書いてあった。

念のため、大城が最初に電話をかけてきた19年9月の取材メモを読み返してみた。そこには、「原さんとはこの春に会っている」と書いてあった。時期的にも齟齬（そご）はない。

私は大城と初めて会ったその日のうちに、ＮＨＫの番組で地図を広げていた弁護士に連絡を取った。10日後、名古屋市にある弁護士事務所で、その地図を見せてもらった。それは、大城が最初に言っていた相模湖周辺の国土地理院の地図だった。端には、「この地図は最新の発行です」と中村に向けたとみられる手書きのメッセージが書かれていた。見間違いようもない、大城の特徴のある文字だった。私はこの頃から、大城が中村の支援役だと確信するようになっていた。

大城が口を開いた場合、その証言が正しいか否かを検証できるのは、中村の捜査に直接携わった人しかいない。原氏から話を聞く必要がある。私は思い切って大城に原氏を紹介してもらえないかと切り出した。快諾してくれた大城は、原氏にショートメールで、「記者が連絡を取りたがっている」と伝えた上、書籍の版元である講談社宛に私の名刺を入れた手紙を送ってくれた。

その後も、大城との連絡は続いた。仕事や好きな映画、生い立ちなどの話は弾んだ。しかし、狙撃事件の話題は、たまに振ってもはぐらかされていた。

状況が変わったのは、年明け22年1月中旬のことだった。仕事を終え、霞ケ関駅から地下鉄に乗ろうとした時に、スマホに知らない電話番号から着信があった。

「元警視庁の原です。大城から手紙が来ました。遠藤さん（筆者）の名刺のコピーが入っていて、ぜひ連絡してほしいと」

中村の言質を求め医療刑務所へ

これで劇的に取材が進む——。そう思っていた。しかし、そう簡単に事は運ばない。大城とは毎日のように連絡を続けていたが、核心に迫ろうとすると、彼の中では母親のことがネックになって、先に進まない。

「他社は大城さんの名前すら知らないので、実家を探しようがない」と説得しても、「どこから情報が漏れるか分からない。母親には迷惑をかけたくない」と譲らない。その一方で、「母親が亡くなったら話してもいい」とも言う。さらに、大城は中村がアジトにしていた三重県名張（なばり）市の住宅にも足を運んだらしく、「草は伸び切っていますが、車は停まっています」と写真付きのメールが送られてきたこともあった。

そもそも、全く話す気がないのなら、私と連絡を取り続けるはずもない。事件当日のことは話さなかったが、中村との出会いは詳しく語るようになった。あと一押し、何かきっかけがあれば、話してくれるのではないか。私は、大城の口を開かせる方法を毎日のように考えていた。

大城は中村を慕っていた。國松長官狙撃事件から7年以上も経った2002年11月に名古屋市の現金輸送車襲撃事件で中村が逮捕されてからも、本や雑誌を差し入れたり、中村の指示で人に会ったりしていたという。2度目の無期懲役となったため、実現の可能性は極めて低かったが、仮釈放を勝ち取る方法を模索し、私にも相談してきた。面会を求めて、東京都昭島（あきしま）市にある医療刑務所「東日本成人矯正医療センター」にも行ったが許可されず、手紙も途絶えていたため、中村の安否を気にかけていた。

一方の中村は捜査当時、犯行を手伝った支援者がいたと供述したが、「同志を売ることはできない」と最後までその名は明かさなかった。その半面、多くのメディアの取材を受け、自分が真犯人であることを世の中に広く知らせたがっていた。

今、その隠し通そうとしていた支援者が、自ら事件について語ろうとしている。ならば、「同志を売る」ことにはならないはずだ。大城の名前を伝えた上で、中村が「本人が事件のことを話したいならば、話せばいい」とでも言ってくれれば、中村を慕う大城は口を開くのではないか。

裁判で刑が確定していない被告が勾留されている拘置所は、被告本人が認めれば誰でも面会は可能だ。しかし、刑が確定して受刑者の立場になると、面会は極度に制限される。原則、親族か受刑者の更生に役立つ人しか面会できない。中村は誤嚥性肺炎の発症により、21年6月に岐阜刑務所からこちらの医療刑務所に移った。弟である聡さん（仮名）は、中村に面会できる唯一の人物だった。

私は原氏から聡さんを紹介してもらい、22年3月17日に喫茶店で初めて会った。中村は千葉刑務所を出所後、聡さんと会う度に「警察のトップを襲撃する」と言っていたという。そんな経緯があったことから、聡さんは狙撃事件の一報を伝えるニュースを見た時、「あー、ついにやった」と思ったという。中村の生い立ちや、千葉刑務所を出所してからの生活状況などを聞いた後、仲介してくれた原氏が刑事人生をかけてこの事件を追ってきたことに触れつつ、この日の本題を切り出した。

「大城さんは今、私に話すかどうか揺れています。お兄さんが喋っていいと言ったら、大城さんは話すと思うんです。私はこの未解決事件を終わらせたい。面会に行ってもらえないでしょうか」

「近いうちに会いに行って聞いてみましょうかね」。聡さんは快諾してくれた。

面会が実現したのは、5日後に長官狙撃事件の発生から27年を迎える3月25日のことだった。

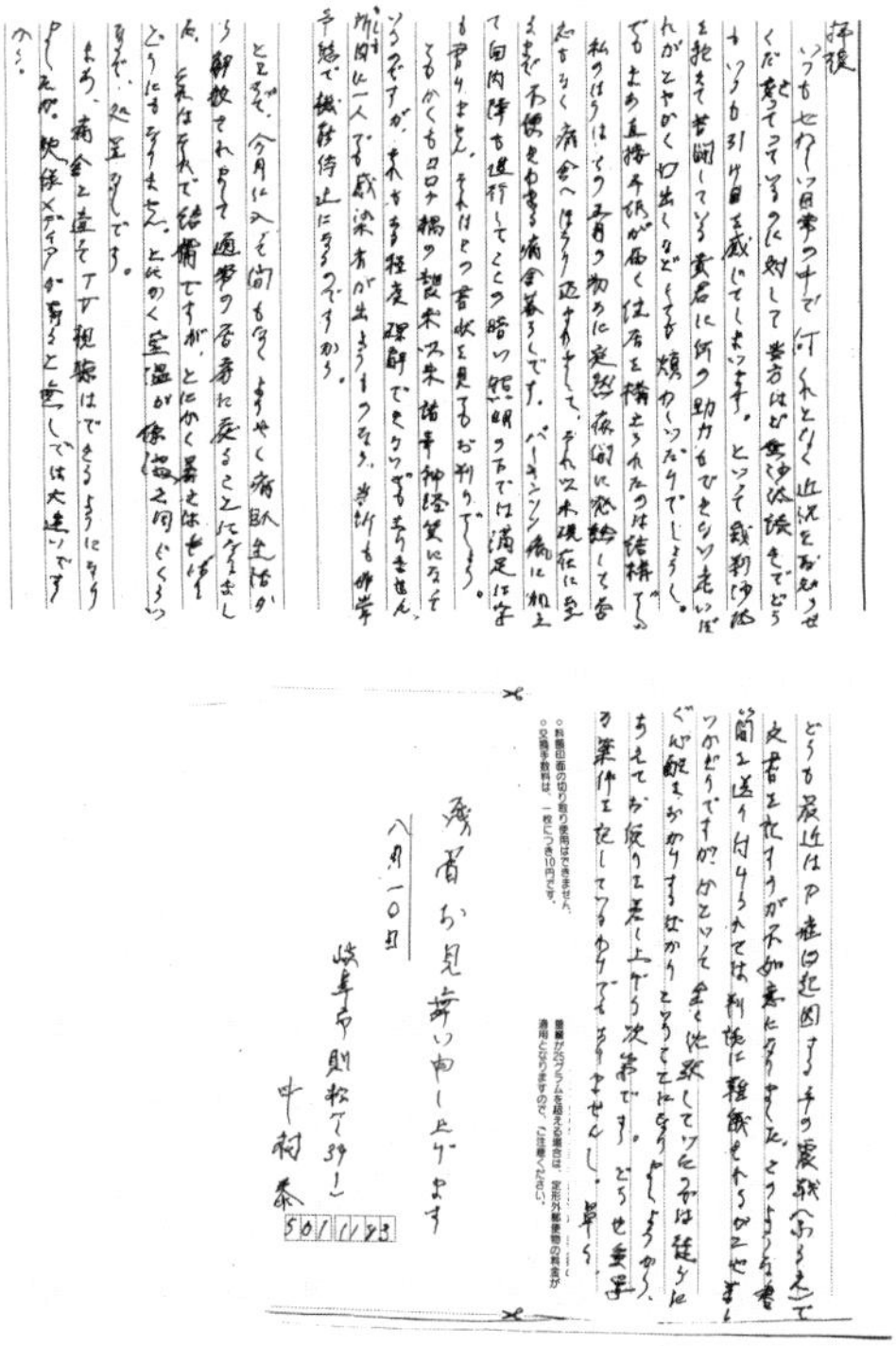

2020年8月、大城（仮名）の元に届いた中村泰受刑者からの手紙の写し。
「パーキンソン病と白内障が進行し、満足に字が書けない」などと記されている

体調がすぐれず、1人で電車に乗るのに不安があるという。私は、聡さんの自宅の最寄り駅から付き添って、東京都昭島市の医療刑務所に向かった。

電車に揺られながら中村に聞いてほしいことを確認すると、聡さんは

ありがたいことに同席を申し出てくれた。

「遠藤さんも親族だといって中に入りますか？　たぶん大丈夫だと思いますよ」

またとない言葉に、記者として、正直なところかなり悩んだ。

中村には一度会ってみたい。ただ、私が同席することで中村の機嫌を損ねる可能性もある。一筋縄ではいかない相当な変わり者だということは、これまでの書籍や報道から分かっていた。中村は、過去にも多くの記者の取材を受けている。大城から詳しい話を聞いた後、その内容を中村に当てて話ができるなら非常に価値のある面会になるだろう。しかし、その前に丸腰の状態で会っても他の記者と何ら変わらない。目的はあくまで大城の口を開かせることだと思い直し、聡さんの申し出は丁重に断った。

いよいよ面会の時間。聡さんは金属探知機のゲートをくぐって、面会室に入っていった。聡さんの付添人として受け付けをした私は、誰もいない待合スペースのソファーに腰かけて待った。

中村から話を聞けているだろうか……。何度も時計を確認する。時間が経つのがいつもより遅く感じる。

約30分後。聡さんが面会室から戻ってきた。

「どうでした？」

「車いすでした。普段は寝たきりの状態のようです。なかなか喋れないんです。でも、大城さんと言ったら分かっていましたよ。『大城さんが事件のことを話したいらしいんだけど、大丈夫か？』と聞いたら、『いい』と。『大城さんをどう思っているか？』と聞いたら、『感謝している。一本気なところはあるけど』と言っていました。『大城さんはいい人だからよろしく言っておくね』と言ったら、『うんうん』とうなずいていました」

ただ、髪の毛は全くなく、体は痩せこけていたという。聡さんは続けた。

「お互い１００歳まで生きようと言って別れましたが、もう先は長くないと思います」

私は、聡さんを最寄り駅まで送り届け、頭を下げて見送ると、すぐさま大城に電話した。

「今、中村さんの面会に行ってきました。中村さんは大城さんが事件のことを話してもいいと言っています。あと、容態がものすごく悪い。もう、いつ亡くなるかも分からない。中村さんが生きているうちに大城さんが真実を話すことが、中村さんが望んでいることだと思います。亡くなったらもう手遅れになります」

中村本人からの後押しは、こちらの切り札だ。この電話で説得できなかったら、次はない。とにかく必死だった。

数秒間の沈黙の後、大城はか細い声でつぶやいた。

「ちょっと考えさせてください」

27年越しの支援者の告白

それから2週間後、私は大阪・難波にいた。当初の待ち合わせは午後3時だったが、途中で、大城から「20分前には着ける」と連絡があり、急遽集合時間を早めた。私は、仕事で込み入った話をする際、街中のどこにでもあるようなカラオケボックスを利用する。誰かに聞き耳を立てられることなく話ができるからだ。

カラオケボックスの個室に入り、カラオケ機器の音量を切った。隣の部屋からは重低音のベースの音が響いてくる。低いテーブル越しに、真向かいのソファーに座った大城は、これまでの煙に巻くようなやりとりが嘘のように一気に語り出した。狙撃事件を手伝うことになった経緯、1995年3月30日の犯行当日の出来事、そして、事件後に中村から言われたこと。大城は私の目の前で事件の核心部分を初めて口にした。

◆　◆　◆

「その日は雨が降っていました。朝の何時集合だったかは覚えていませんが、早かったのは覚えています。西日暮里駅に着くと、中村さんは軽乗用車で来ていました。私が軽乗用車の助手席に乗り込むと、すぐに中村さんは5万円をくれました。中村さんの運転でNTT荒川支店まで行きました。中村さんは『左に曲がってそのまま出られるから』と言い、荒川支店の駐車場に止めました。中村さんは『話をしてくるから、ちょっと時間がかかる』と言って、車の外に出て行きました。私は助手席から運転席に移動し、中村さんを待ちました。車内では、うとうとしていたと思います。1時間ほど経った後に、コンコンとノックされ、『終わったから行こうか』と言われました。特に急いでいるという感じではなく、平然としていたと思います。中村さんは助手席に座り、『新宿の方に行ってほしい』と言いました。荒川支店の駐車場から出て、西に向かいました。私は、土地勘がなく中村さんの指示通りに運転をしました。道が混んでいたため、中村さんは『もうここでいい。電車の方が早い』と言い、西日暮里駅で降りました。私は軽乗用車を駅近くの駐車場に止めました。その日の夜に新宿駅西口の地下のロータリーで中村さんと会い、車の鍵を返しました。当時の中村さんの服装やバッグの有無などは全く記憶にありません。拳銃を持っていたことも知りません。何の仕事をしてきたかも聞きませんでした」

中村は「共犯者と下見に行った」と供述していたが、大城は一切下見をしたことはないという。さらに中村は「共犯者が、狙撃現場にゴールドクレストの鉢植えを置き、自転車も調達した」とも語っていたが、大城はそんなことをしていないと話す。さらに続けた。

「そもそも、当時は、長官狙撃事件の逃走を手伝うという話は一切聞いておらず、5万円で運転を手伝うアルバイトと聞いていました。警察庁長官を狙撃すると事前に聞いていたら、絶対に関わっていません。警察に連絡していたと思います」

しかし、翌年の11月頃、大城は中村本人から突然、犯行の告白を受けたという。さらに、中村は大城に対して長官を撃った理由を「警官を射殺して、刑務所に入り、人生を台無しにされたから。警察に恨みがあった」と語った。

「取り調べをした刑事に復讐するというのならば理解できますが、警察に恨みがあるから長官を撃つという理屈はよく理解できませんでした。『警察はトップの方針で、誘導をしたり、脅したりして被疑者に自白させる』というようなことを言っていました」

さらに、それから少し経った頃、中村は大城に対し、事件を報じた新聞記事を見せながら、

「神田川に拳銃があるわけない。拳銃を探すために神田川を探して警察は馬鹿だな」

「オウムがやったとか、Kという警察官がやったとかいう話だから、完全に捜査が明後日の方向を向いている」

と語ったという。その後も、中村が２００２年11月に名古屋の現金輸送車襲撃事件で逮捕されるまで、年に2、3回のペースで会っていたという。中村は会う度に長官狙撃事件のことを大城に語って聞かせた。

「オウムでいくということだから捕まることはないよ」

大城は、中村が警察に供述した動機である「オウムの犯行と見せかけ、オウム捜査を加速させる」については本人の口から聞いたことはなかった。

「全部後付けの動機だと思います。私には、『警察に恨みがあった』とずっと言っていました。

名古屋の事件で逮捕されなければ、狙撃事件のことは自供しなかったと思います。逮捕された中村さんには時間がたくさんあったので、オウムに関連付けた動機を創作したのでしょう」

　大城の告白は続く。なぜ大城は中村の犯行について警察はもちろん、今の今まで誰にも打ち明けてこなかったのか。

「事件当時、私が東京に行っていたということは限られた人しか知りません。また、私たちに捜査の手は全く伸びていなかったので、黙っていようと思いました。誰かに言っても自分自身の立場がまずくなるだけだと思いました。警察に『金をもらって手伝っただけ』と言っても信じてくれるか分からないという思いもありました」


　大城が傷害事件を起こし、中村がいた大阪拘置所に収容されたこともあった。中村は警視庁の捜査員から取り調べを受けていた。その時は衛生係（刑事施設で受刑者や被告人の食事を配ったり、舎房の掃除をしたりする受刑者のこと）をしていた中島という受刑者を介し、出所後の連絡先を書いたメモを中村に渡していた。実際、大城が刑務所に入っていない時期は、狙撃事件に関する週刊誌のコピーを差し入れたり、中村の指示で人と会ったりもしていたという。

「私は中村さんにいいように使われた駒でした。中村さんは生粋の犯罪者です」

　とは言うものの、大城は2度目の無期懲役で、もう生きては外に出られない中村を不憫（ふびん）に思って支援を続けていた。

大城は２０００年頃から人生が暗転したと語り、経営していたボートの店がうまくいかなくなり、車上生活に陥った後、傷害罪で逮捕されたり、恐喝で指名手配されたりしていたという。体調不良も重なり定職にも就いていない。これまで１００回以上職を転々とし、これ以上失うものはない。唯一の懸念だった母親のことも、私の「マスコミは大城さんの名前すら知らない」という言葉を信じれば心配はいらないと思うと言ってくれた。

話すことを決めた理由については、「中村さんが亡くなる前に自分が知っている真実を話し、長官狙撃事件の真相が明らかになったら、今までの不遇な人生が少しでも好転するのではないか、私自身厄払いができるのではないかと思いました」と語った。

話は3時間以上に及んだ。19年9月、大城に長官狙撃事件に関して警視庁の取り調べを受けたと聞いてから約2年半。特命捜査班が時効までに口を割らせることができなかった大城からついに話が聞けたのだった。（※大城の告白の全文は巻末に掲載）

この日以降、私は大城の証言の裏付け取材に入った。当時の捜査幹部、そして現場の捜査員など20人にも及ぶ関係者から話を聞いて回った。「中村の支援者が喋りました」と切り出すと、皆一様に驚き、取材を断る人はほとんどいなかった。

時効から10年以上経っていたが、中村の支援者の存在は、誰もが頭の片隅に引っかかったままだったのだ。

９００頁超の捜査資料と関係者の証言

「こういう時がいつか来るとは思っていました」

大城の告白から6週間後のこと。この人もまた、大城の告白を知り面会を承諾してくれた一人だった。

東京都内のレンタル会議室で待ち合わせると、入室して座るやいなや口を開いて、鞄から10センチ以上の厚みのあるファイルを取り出して目の前に広げた。

「中村が犯人だということは疑いようがないと思います。これを見れば中学生でも中村が犯人だと分かります」

それは、９００ページを超える、中村捜査の全てが記録された捜査ファイルだった。小さな文字が書かれた付箋が貼られ、多くの箇所に線が引かれていた。この人が何度も読み返したことが分かった。私はそれを借り受け、分析作業に入った。

２００８年3月〜10年2月の中村の供述が詳細に記された「取り調べ結果」が約２７０ページ、08年5月〜10年3月の裏付け捜査の結果が記された「捜査経過について」が約４４０ページ。その中には、京都刑務所での大城とのやりとりや、特命捜査班が大城を割り出した際の中村の反応も記されていた。残りの約１８０ページの資料は中村の生い立ち、偽名一覧、渡航歴、支援者候補を詳細に調べたリスト、ガサ（家宅捜査）で見つかった銃器の分析などだった。驚いたことに、最後の資料の日付は２０１０年3月29日。特命捜査班は、時効の前日まで捜査を続けていたのだ。

ファイルの冒頭には、特命捜査班の班長の原氏が、公訴時効後に特命捜査班の班員らに配布したものと思われる9ページの紙が綴じられていた。最後にはこう記されていた。

3月30日、『警察庁長官狙撃事件はオウム真理教のテロと断定する』という公安部長の会見は、当庁が捜査機関として機能を失った体面重視の組織であることを国民に表明する結末となった。あるいは、その会見内容は、警察が検察の訴追や司法の審査を経ることもなく、独自の判断で犯人を特定する危険性をはらんだ組織であることを社会一般に示すことにもなった。したがって、この会見は、狙撃事件を解決できなかった失態以上に大きなダメージを当庁全体にもたらした。つまり、寝食を忘れ、額に汗して職務に取り組む個々の捜査員の足を引っ張る罪を犯してしまったのである。

我々特命捜査班が推し進めた中村捜査は、幾多の壁を乗り越えなければならなかったが、それ以上に、組織のゆがんだ壁をぶち破ることに大きな神経を払わなければならなかった。しかし、それでも、我々は、この重要未解決事件の解決に迫るだけの成果を挙げられたものと自負している。そして、その捜査結果と特命捜査班の存在が、あの自爆会見を誘引したと各報道機関が評価する通り、我々の存在意義は大きかった。公・捜の数名の捜査員からなる異色のチームが、本体の南千住署特捜本部を土俵際まで追い詰めたことに、正義の実現を目指そうとする警察本来の姿を見ることができたと確信している。特命捜査班の一員であったことを誇りに、今後も、それぞれの部署で、自らの健全な意思に基づき、真の警察目的に沿った職務に邁進していただきたい。長い間、激務に耐えていただいたことに深甚なる感謝を申し上げる。

班長

一読して私は深いため息をついた。

捜査というものは本来、真相解明のためにあるのではないのか。時効会見では公安部長は「オウムの犯行」と言い切った。地道な捜査を続けた捜査員たちはどんな思いでこの会見を聞いていたのだろうか。

後日、このファイルの持ち主と再び会った。ファイルを返却しようとすると、こう言われた。

「記事が出た場合、公安部から地公法違反でガサを受けるかもしれない。私が持っているのはまずい。遠藤さんがずっと預かっておいてください。返さなくていいです。さすがに新聞社にはガサには入らないでしょう」

「地公法」とは地方公務員法のことで、警察官などの地方公務員は職務上知り得た秘密を、現職時だけでなく、退職してからも漏らしてはいけないと定められている。

この人も組織と闘ってきた一人なのだ。中村捜査の全てが記された捜査ファイルは、日本中どこを探しても存在しないだろう。このファイルには中村捜査の顚末だけでなく、捜査員の思いも詰まっている。私は狙撃事件の真相解明を託されたのだ。その重みを感じるとともに、何としても記事を世に出すと心に誓った。

オウム犯行説の始まり

ここで、捜査資料や関係者の証言を交えながら、オウム犯行説と中村犯行説について詳しく振り返りたい。

警察庁長官狙撃事件はオウム真理教が起こした地下鉄サリン事件の10日後の1995年3月30日に発生した。殺人、強盗、放火などの凶悪犯罪を捜査するのは刑事部の仕事だ。この殺人未遂事件も通常であれば、刑事部が担当する。ところが、前述した通り、この時は事情が違った。刑事部が地下鉄サリン事件の捜査に追われていたため、公安部が捜査を指揮することになったのだった。

当時、警視庁トップの警視総監だった井上幸彦氏は当時を振り返って、こう語った。

「刑事部長とも相談したが、刑事部は地下鉄サリン事件のホシを挙げなければならず、狙撃事件も持たせるのは大変だとなった。オウムに対してはオール警視庁の捜査が必要だったため、公安部に任せることにした。当時の状況でオウムと思わないほうがおかしい」

警視庁は、地下鉄サリン事件から2日後、東京都品川区の目黒公証役場事務長が拉致された事件にオウム真理教が関与した疑いが強まったとして、山梨県の上九一色村（現・富士河口湖町）にあった教団施設など、1都2県の25カ所に家宅捜索に入っていた。警察とオウムの全面対決が始まった状況下で起きた狙撃事件。警察だけでなく、日本中の誰もがオウムの犯行で間違いないと思ったことだろう。

警視庁は南千住署に公安部長を本部長とする捜査本部を設置した。96年8月に作成された「現在の捜査推進状況」という右端に「秘」と判を押された捜査資料によると、副本部長には公安1課長、捜査1課長、南千住署長の3人が名を連ね、人員は114人体制。ただ、その多くが公安1課や公安3課などの公安部の捜査員で、「捜一」と刑事部捜査1課の所属が記された捜査員は5人しかいなかった。

狙撃犯は、20メートル以上離れた距離から國松長官に4発中3発を命中させ、現場から自転車で逃走した。犯行に使われた拳銃は、米コルト社製の回転式拳銃「パイソン」と推定され、使用された弾は体内に入ると先端がマッシュルーム状に広がって致命傷を与える「ホローポイント弾」という極めて特殊なものだった。パイソンは「リボルバー（回転式拳銃）のロールスロイス」とも呼ばれる高額な拳銃だ。

　捜査資料からは、事件発生から約1年4カ月の間、捜査本部が銃の扱いに慣れたオウム信者に照準を絞って、捜査をしていたことがうかがえる。

「元自衛官オウム信徒一覧表」には、35人の元自衛官の入信日や身体的特徴が載っている。また、「新規捜査対象者一覧表」には、ロシアで実施された3回の射撃ツアーに参加するなどした44人の信者の名前が、教団内の「正悟師」「愛長」といった階級とともに記載されている。

　中でも、発生直後に狙撃の実行犯として最も疑われたのは、高校時代にエアーライフル射撃で国体にも出場し、ロシアの射撃ツアーに参加していたオウム幹部のHだった。発生当初、犯人は身長１８０センチ、痩せ型、40歳くらいという目撃情報があった。Hは当時、30歳で身長が１８３センチの痩せ型で、風体が一致していたことが影響したとみられる。「狙撃犯人としての適否について」というタイトルが付いた資料では、Hだけが顔写真付きで取り上げられ、事件前後の行動や、「麻原（麻原彰晃、本名・松本智津夫元死刑囚）の直近（※原文ママ）で信頼があり、機転が利き、着実に命令を遂行できる男」などの関係者の証言が記されている。ただ、オウム幹部ら9人の容疑性について検討した資料では、Hが事件前の3月27日に運転免許証の更新手続きをし、4月4日に免許証の受領をしていることから、「事件関係者の行動とは考えにくい」とし、容疑性は「弱い」と判定されていた。

　Hは約16年半の逃亡の末、２０１１年の大晦日に出頭したが、長年逃亡を続けていた理由を「長官狙撃事件の犯人と疑われていたから」と話したという。メディア各社は事件発生から間もなく、Hを犯人視する報道をしており、それが影響したのは間違いないだろう。

つくられたK犯人説・追従するK

捜査本部は教団幹部やオウム信者の元自衛官を捜査していたが、その裏では「身内」の捜査が秘密裏に行われていた。

捜査本部はこのマル秘資料をつくった4カ月前の1996年4月、極秘で別の人物の取り調べを始めていた。警視庁の現職警察官でオウム信者のK巡査長だ。マル秘資料にはK巡査長のことは一切書かれておらず、捜査本部内でも一部の捜査員しか知らなかったとみられる。

96年10月、K巡査長が「長官を狙撃した」と自供していることがマスコミ報道で発覚した。何者かが警視庁記者クラブの複数社に「犯人は警視庁警察官」とする告発文書を送ったのだ。現職警察官が警察組織のトップを銃撃した――。警察、メディア、そして日本社会全体に激震が走った。その後、「拳銃を捨てた」とするK巡査長の供述に基づき、東京都千代田区のJR水道橋駅近くの神田川の捜索が行われた。浚渫（しゅんせつ）船や大型磁石まで投入した捜索は54日間にわたって行われたが、拳銃は発見できなかった。

警視庁はK巡査長が自供したことを警察庁に報告しておらず、「隠蔽」との批判が上がった。捜査本部長だった公安部長は更迭（こうてつ）され、警視総監の井上氏も後を追うように辞任した。

しかし、井上氏は私にこう語った。

「最初上がってきた情報は、Kが現場周辺に朝早く行って、河原で交通標識を撃ったという話だった。東京ならばすぐに110番通報が入るはずで、そんな話はあり得ない。標識を撃ったと言うが弾痕もない。Kの供述は裏付けが取れるものがなくデタラメだった。隠したつもりはなく、報告に値しないと考えていた」

現職警察官が自供する中、たとえその証言のウラが取れていなくても、すぐに情報は共有すべきで、責任問題に発展したことは致し方ないだろう。しかし、重要なのは、井上氏が語るように、K巡査長の証言は、はじめから「デタラメ」だったという点だ。驚くべきことにK巡査長の証言は、現場の状況に合うように徐々に変遷していく。それをリードしたのは、あろうことか、公安部の取調官だった。

この極秘取り調べに携わった公安部の元捜査員によると、K巡査長の最初の狙撃供述は「マンションから長官ら3人が出てきて、井上（井上嘉浩（よしひろ）元死刑囚）から『真ん中のやつを狙え』と言われて撃った」というものだったという。

これに対し、実際にマンションから出てきたのは、國松長官と田盛正幸（たもりまさゆき）秘書官の2人。さすがに3人と2人を間違えはしないだろう。当初の供述から、決定的に違っていたのだ。元捜査員はK巡査長の取り調べについて、「例えば『右に行っただろ』と聞くと、しばらく黙り込んで『右に行きました』と言ってしまう。取調官の誘導によって、化け物のような供述が出来上がってしまった」と振り返った。

K巡査長の供述がつくられたものであることが分かるエピソードの一つが、特命捜査班の捜査資料に載っている。犯行の1週間ほど前に、不審者を見たという新聞配達員の目撃証言だ。

事件現場のマンション「アクロシティ」は、A～Fポートとタワーズの7棟からなり、國松長官はEポートに住んでいた。新聞配達員の供述調書は「Bポートの階段踊り場で、Eポート方向を双眼鏡で見ている男がいた。声をかけると『警察のものだ。仕事中だから向こうにいってくれ』と言われた」とまとめられている。

長官狙撃の事件現場。
荒川区のアクロシティ＝1995年3月30日

特命捜査班は2009年7月、発生当初に聞き込み捜査に従事した南千住署捜査本部の捜査員から話を聞いている。新聞配達員の供述調書を作成した捜査員は、特命捜査班に対し、こう話したと記されている。

「この新聞配達員は知恵遅れというわけではないが、自分が体験したことをうまく表現できなかった。『警察の者だ。仕事中だから向こうにいってくれ』という文言は、実は私の言葉で、新聞配達員を納得させて、そのまま、その言葉を調書に入れてしまった。その後、Kの調書や新聞記事に同じ言葉が出てきた。Kの取調官は、新聞配達員が証言した言葉ではなく、私の言葉をKに当てて取り調べをして調書に盛り込んだことを確信した。私の言葉をKが供述できるわけがない」

実際、毎日新聞の当時の紙面を見てみると、K巡査長は次のように供述したと報道されていた。

「下見の際、双眼鏡で見ていると、新聞配達員に声をかけられた。警察官と名乗り、『仕事中だ』と言って追い払った」

つまり、次のような流れだ。

①新聞配達員が実際には話していないことを、聴取した捜査員が勝手に調書化する
②K巡査長の取調官がこの調書を見て、「新聞配達員はお前にこう言われたと話している」と、その内容をK巡査長に当てる
③K巡査長は「私は確かにそのように話しました」と誘導に乗る

これは、もはや取り調べではない。Kを犯人に仕立てるための調書の作文だ。

１９９６年11月、Ｋ巡査長は、長官狙撃事件とは全く関係のない、オウム幹部に非売品の警察出版物や、自動車ナンバーの照会情報を渡したという行為で、地方公務員法に基づき懲戒免職処分を受けた。公安部は現役警察官でなくなったＫの取り調べを続けるため、保護名目で監視下に置いた。公安部の元捜査員によると、Ｋに保護願いを書かせた際、このようなやりとりがあったという。

「これは違法じゃないですか？」

「だったら取調官に言えよ」

「いやー、私がやったって言っちゃったからしょうがないじゃないですか」

この元捜査員は「Ｋは『自分が撃った』と言ってしまった手前、引っ込みがつかなくなり、こちらに付き合っているだけだと感じた」と振り返る。

その日からＫと捜査員らの共同生活が始まった。住まいはウィークリーマンションを転々とした。取り調べと生活拠点の２部屋を隣同士で借りた。平日は午前10時〜午後３時まで、土曜日は午前中のみの取り調べで、日曜は休日だった。休みの日には、気分転換のためにＫを映画館や千葉の牧場に連れていった。Ｋが見たのは、宇宙人と人類が戦う米国のＳＦ映画「インデペンデンス・デイ」だった。運動不足のため散歩に出かけると、Ｋは「いやー疲れましたね」と言い、タクシーで帰ることもあった。調理の際に使う包丁は台所ではなく、別の場所に隠していたがKは保管場所を知っていた。とても保護・監視されている人物とは思えない待遇だ。

元捜査員は「自殺や逃亡の恐れは全くなく、保護は取り調べを続けるための名目にすぎない。Kは新聞や雑誌で読んだことを話しているだけで、何一つ裏付けが取れないまま共同生活は終わった」と語った。

証言の誘導や、別件で懲戒免職処分となった後の保護名目の取り調べ。全ては「オウム信者であるK」から、オウムが狙撃事件を計画し、実行したという話を引き出すためだった。ある元警視総監はこの捜査について、「軟禁状態で取り調べて、たとえ供述が取れたとしても証拠能力は全くない。この取り調べを指示した捜査幹部はいったい何を考えているのか」と痛烈に批判した。

公安部の〝必死の捜査〟もむなしく、東京地検は97年6月、供述内容に変遷があり、裏付けも取れないことから「信用性に重大な疑問を抱かざるを得ない」と判断し、Kの立件を見送った。当然だろう。

第2章 公安と特命捜査班

オウム犯行説にこだわり続ける公安

「信用性に重大な疑問を抱かざるを得ない」と判断し、東京地検が警視庁の元巡査長Kの立件を見送ってから4年9カ月。しかし、公安部はまだ諦めていなかった。

オウムの犯行との見立てを維持する公安部は2002年3月からKの取り調べを再開した。オウム幹部らが軒並み狙撃事件の関与を否定する中、オウム犯行説の支えはKしかいなかったからだ。ただ、実行役ではKはもう立件できない。そこで、公安部はKが「私が撃った」と供述する前に、実行役を守り支援する「防衛」という役割を口にしていたことに目を付けた。犯行時のKの役割を「実行役」から「支援役」に変えて、再度、事件を組み立てたのだ。支援役でKの供述が安定してきたことから、公安部は勝負をかける。04年7月7日、実行役を特定しないまま元オウム幹部2人とともに殺人未遂容疑で逮捕したのだ。

この時の逮捕の決め手になったのが、Kの私物のコートだ。コートの裾には小さな穴が開いていた。当初は虫食いの跡とみられていたが、微量の元素を分析できる大型放射光施設「スプリング8」（兵庫県佐用町）で分析したところ、射撃の際に出る極めて微量の金属成分「射撃残渣」が検出され、銃を撃った際の焦げ跡の可能性があることが分かった。Kはあるオウム幹部の名前を挙げ、「似た男にコートを貸した」と供述しており、実行役がコートを着用して長官を撃ったというストーリーだ。実は、このコートはKが高校時代に買ったもので、警視庁本富士署勤務で太ったKが着られるサイズではなかったという。

本当に射撃した際に服が焦げるのか。公安部は警察庁経由で複数の型のコルト・パイソンを輸入し、東京都江東区にある警視庁術科センターで試射を繰り返していた。しかし、いくら撃っても服が焦げるほどの火花は出なかったという。

ある元捜査員は「拳銃を撃って、服が焦げるような銃が市販されているわけがない。真面目に実験していて馬鹿なのかと思った」と切り捨てる。また、ある元公安部長は「射撃残渣は鉛、バリウム、アンチモンからなるが、この三つは完全な形で検出されず、あくまでも射撃残渣の可能性はあるが断定はできないという話だった」と振り返った。

ところが、だ。時効時に公表された捜査結果概要には、「発砲により生じた穴だと推定される。当該コートは狙撃実行犯が犯行時に着用していた可能性が高いと認められる」と記されている。試射では穴は開かず、射撃残渣も完全な形で残っていないにもかかわらず、捜査結果概要は何を根拠に「可能性が高い」とまで踏み込んだのか。すぐに、公安部の元幹部に確認した。すると、元幹部は驚くべきことを言った。

「何回もやったが確かに火花は出なかった。ただ、コートを撃鉄のところに巻き付けて撃てば穴は開くかもしれない。捜査結果は積極的に書くものだ。分かる？」

全く分からない。私だけでなく、ほとんどの人が理解できない〝理屈〟だろう。

Kと一緒に逮捕された1人は、元オウム幹部のUだった。現場から南東方向で、自転車を猛スピードでこぐ不審者の目撃情報があった。捜査をかく乱させるために自転車で南千住署の前を疾走した「ダミー役」という疑いがかけられた。実はこの時の捜査手法にはかなり問題がある。

ある元捜査員は「目撃者にUの写真を見せて、『これ似てるよな』と聞いて調書を取っていた。普通は何枚も違う人の写真を見せる。デタラメもいいところだ」と振り返った。Uを目撃したとする1人は、南千住署の若い巡査だった。「自転車に乗っている姿は見たが、顔ははっきりと見ていない」と後悔していたという。

殺人未遂容疑で逮捕されたもう1人は、元オウム幹部のSで、現場にはいなかったが、事件の約1時間後に報道機関に電話をかけ、オウムに対する捜査をやめるよう脅迫したという疑いをかけられた。

ただ、逮捕後、Kの供述は「自分が撃った」と実行役に逆戻りしてしまい、支援役のストーリーは崩れ去った。元オウム幹部2人（UとS）も一貫して関与を否定。東京地検は、勾留満期で3人を処分保留のまま釈放し、約50日後にいずれも容疑不十分で不起訴処分とした。

殺人や殺人未遂事件では、まず凶器を特定し、その入手先を明らかにするのが捜査の鉄則だ。パイソンもホローポイント弾も、いくら捜査をしても、オウムが入手したという事実は出てこなかった。結局のところ、オウム犯行説というのはKの供述ありきだったのだ。

オウム犯行説をとる警視庁の元幹部は「Kの話は、本当の話、忘れた話、嘘をついている話の三つからなる。全てが嘘ではない」と話す。公安部は、Ｋを軟禁状態で取り調べていた際に、ある脳科学者に依頼し、Ｋの記憶を呼び戻すカウンセリングをしている。

念のため、この脳科学者にも取材を試みた。すると、

「硝煙の臭い、グリップの感触、全部正確に思い出した。Ｋが引き金を引いたことは間違いない」

と当時の様子を語ったが、それは実行役としての記憶だった。Ｋはオウムの洗脳に加え、違法薬物を飲まされていた可能性もあった。もはや何が事実なのか、Ｋ本人でさえ判別がついていいなかったのではないか。

公安部のある元捜査員は私に言った。

「Ｋの逮捕が失敗した後、捜査本部内では『もう絶対に解決しない』と言われていた。捜査本部がこの後にやったことと言えば、オウム信者の行動確認をして引きネタを探すぐらい。オウムを叩いても何も出てこなかった。やることがないので、捜査本部に行けば、昇任試験の勉強ができるとまで言われていた」

オウム犯行説の捜査は、時効の約5年半前、04年9月にＫら3人が不起訴となった時点で、事実上、終わっていたのだ。

時効時に警察庁刑事局長だった元警察庁長官の金高雅仁（かねたかまさひと）氏は言った。

「Kらが不起訴になって以降、他の可能性も踏まえた捜査に軌道修正すべきだった。最後までオウムに固執して立証できず、事件は未解決に終わった」

握り潰された手がかり

繰り返しになるが、2004年9月にKらが不起訴になった時点で、オウム犯行説の捜査は事実上終わっていた。

もし、事件を解決する気があるならば、不起訴以降はどんな些細な情報にでも飛びつくはずだ。しかし、公安部は事件解決どころか、「オウムの犯行」という見立てを維持するために、事件解決につながる手がかりを自ら握り潰していた。

それが偶然にも分かったのは、事件の当事者とも言える田盛正幸氏から話を聞いた時だった。事件当時、國松孝次長官の秘書官だった田盛氏は、狙撃時に長官に覆いかぶさり、身を挺して守ったことで知られる。田盛氏は広島県出身で、地元の県警巡査に採用されたノンキャリアだ。警察庁に出向中、狙撃事件に遭遇した。その後は警察庁を中心に勤務し、大分県警トップの本部長を務めた後、警察庁国際テロリズム対策課長を最後に警察を退いた。

田盛氏は狙撃事件が発生した、まさにその時に現場にいた人物であり、事件前には中村泰の風体に似た不審者を目撃していた。田盛氏は中村のことをどう思っていたのか。私は何としてでも本人の口から話を聞きたいと思った。

当初、田盛氏には「普通は誰かの紹介で来るものだ。本当に毎日新聞の記者なのか」などと言われ、「國松さんも私も、あの事件の取材は一切応じないようにしている」と断られていた。しかし、「中村の支援役が喋ったので、話だけでも聞いてほしい」と食い下がり、ようやく応じてもらった経緯がある。

田盛氏は、國松長官が狙撃されたことについて、深い自責の念を感じていた。これまで記者に狙撃事件の話をしたのは2回しかないという。

特命捜査班の捜査資料には事件の約1週間前に不審者を目撃したという田盛氏の証言が記されている。

「3月23日か24日のいずれかの日の午前8時半ごろ、Fポートの南側でEポートの方を見ている不審な男を目撃した。年齢50歳くらい、身長160センチくらい、痩せ型、眼鏡、黒っぽいコート、黒っぽいズボン、黒っぽいショルダーバッグ、一見して田舎のオヤジ風だった」

私は田盛氏に事件前と事件当日、現場で何があったのかを尋ねた。

田盛氏がこの男を不審に思い注視していると、すーっと建物の陰に隠れた。秘書官には職務質問の権限がないため、離れた場所にいた警備の警察官を「おーい」と大声で呼んだ。しかし、聞こえていなかった。國松長官が出勤のためマンションから出てきたので、この男への職務質問は行われないまま公用車で出発することになった。

そして事件当日、同じ午前8時半頃、1週間前に男がいた方向から銃弾4発が続けざまに放たれた。田盛氏は1、2発目が命中して倒れた國松長官をマンションの植え込みの陰に移動させた。その間に3発目は國松長官の大腿部に当たり、4発目は植え込みの縁石に当たって、石の破片が散った。

田盛氏は、20メートル以上離れた場所から狙い澄ます射撃技術に「プロの仕業」と感じた。1週間前に見た不審な男については「國松さんの行動を下見していた可能性がある。あの時、國松さんを待たせてでも、職務質問をさせるべきだった」と悔やんだ。

一方、身長161センチの中村は、事件の1週間前から4回、共犯者とともに現場マンションの下見をしたと供述していた。

田盛氏が見た「不審な男」と「狙撃犯」はいずれも中村だったのか――。

私の質問に、田盛氏は「不審な男は中村だったかもしれない」と答えた。中村が、捜査1課に事件への関与をうかがわせる供述をした04年以降、田盛氏は「中村に会うことはできないか」と警視庁の幹部に要望した。「直接見たら確信が取れる」という思いがあったからだ。また時効を約3年後に控えた07年には狙撃事件の捜査に関わることができる人事異動を希望したが、いずれもかなわなかったという。

中村は04年に「事件2日前に長官公用車のナンバープレートが変更された」「その日に警察幹部のようなコート姿の男性2人が國松長官の出勤を待っていた」と捜査1課に供述している。

田盛氏は現場にいなければ絶対に分からない話だとし、「中村が現場のことを知っているのは確か。犯行グループの一員だと思っていた」と語った。

一方、中村が実行犯だったのかについては、どう考えているのか。

「事件当日、私は國松さんを迎えるのに普段と異なる、ある動きをしていた。私の行動を中村が供述していれば、実行犯だと確信したが、当時知らされた『自白』の内容にはそれがなかった」

「だからこそ、直接本人に確認したかった」と悔いた。田盛氏はこの「ある動き」は、真犯人が出てきた際に秘密の暴露になるため、時効が成立してもなお、誰にも言わずに胸の内にしまい続けているという。私も「ある動き」が何なのかは教えてもらえなかった。

「なぜ、一番現場を知っている私に話を聞きに来ないのか不思議でしょうがなかった。役に立てたはずだ。警察庁長官狙撃という未曽有の事件に遭遇した警察官として、狙撃の未然防止にも真相解明にも何ら貢献できなかったことは、私の警察官人生最大の痛恨事です」

田盛氏は、現場にいた者として、そして、警察官として、事件を誰よりも解決したかった。

中村が容疑者として浮上した直後は捜査1課、特命捜査班が結成されてからは、班員が話を聞きに来るのを待っていた。一方で、前述のように中村に会わせてほしいと伝え、狙撃事件の捜査に関われる人事異動を希望するなど、自ら行動にも出ていた。田盛氏が訴えた上司の1人は公安部長経験者だ。公安部が田盛氏の意向を知らないはずがない。

特命捜査班の結成

Ｋとオウム犯行説にこだわる公安部に対し、刑事部は別の見立てをしていた。中村犯行説だ。刑事部捜査１課が中村の関与を疑うようになったきっかけは、２００３年の関係先の家宅捜索だ。中村は前年に名古屋市で現金輸送車襲撃事件を起こし、逮捕された。他の犯罪にも関与していることが疑われたため、警視庁、大阪府警、愛知県警が合同で捜査を進めていた。

生活の拠点としていた三重県名張市の知人名義の住宅と、東京・大阪の二つの貸金庫から、大量の拳銃と実包が見つかった。住宅からは、長官狙撃事件をほのめかすような大量の詩、ＪＲ南千住駅から狙撃現場までの経路をなぞった地図、事件に関する大量の新聞や雑誌の切り抜きが見つかった。「狙撃事件のホンボシ（真犯人）」とみた当時の有働俊明・捜査１課長は、中村に対する捜査を推し進めた。

公安部がＫらを逮捕した04年7月7日、中村は大阪府警本部の取調室にいた。捜査１課の捜査員だった原雄一氏からＫら３人が逮捕されたことを告げられると、「公安部はどうする気ですかね。完全に誤認逮捕ですよ」と絶句したという。そして、事件２日前に長官公用車のナンバーが変更されていたことや、その日に警察幹部のようなコート姿の男性２人が國松長官の出勤を待っていたことなどを語った。

これらの事実はいずれも公表されていない。それも、下見の際の状況を正確に言い当てていた。捜査1課は、これを真犯人しか知り得ない「秘密の暴露」に当たると考えたが、04年8月から2代続けて、オウム犯行説をとる捜査1課長が就任し、中村の捜査は頓挫（とんざ）した。

その方向性が覆されるのには、それから2年半を待たなければならなかった。07年2月に捜査1課長に就任した佐久間正法（さくままさのり）氏は、狙撃事件の解決に向け指示を出し、翌月から中村の取り調べが再開した。

08年3月に中村は犯行を自供、4月に米国で中村がコルト・パイソンを購入していた事実を突き止めた。そして、5月12日、特命捜査班が結成された。この時のメンバーは、捜査1課5人、公安1課3人という編成だ。公安部の捜査員も入れることで、中村捜査の客観性を担保するのが狙いだった。

特命捜査班結成の4日前、公安部は「Nの容疑性に関する検討結果」なる極秘文書を作成している。「N」は中村のイニシャルだ。積極的要素として、「長官公用車の変更、長官宅への警察幹部の訪問、盗難自転車の放置など報道されていない事項を具体的に供述している」「犯行前後の行動と貸金庫の開扉時間に整合性が認められる」などと記されている。

狙撃事件当日、中村がコルト・パイソンを収納したとする新宿の貸金庫の開扉時間は午前9時26分。狙撃後に中村の供述通りの逃走ルートをたどると、その時刻に到着することが判明していた。また、中村が「逃走時に使った自転車を乗り捨てた」と供述した喫茶店からは、放置自転車が回収されていた。

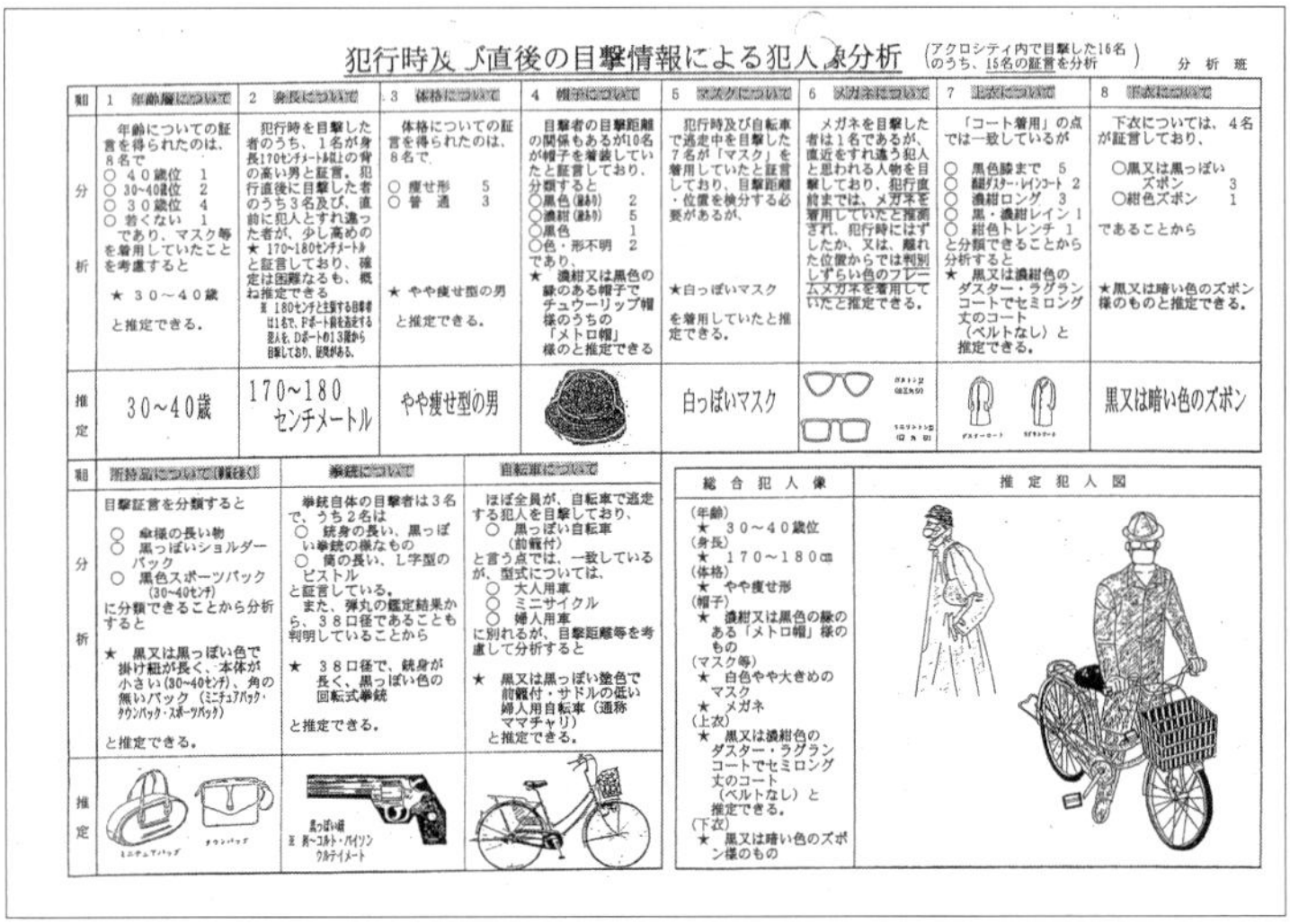

犯行時及び直後の目撃情報による犯人像分析

（アクロシティ内で目撃した16名のうち、15名の証言を分析）　分析班

細	1　年齢層について	2　身長について	3　体格について	4　帽子について	5　マスクについて	6　メガネについて	7　上衣について	8　下衣について
分析	年齢についての証言を得られたのは、8名で ○　40歳位　1 ○　30~40歳位　2 ○　30歳位　4 ○　若くない　1 であり、マスク等を着用していたことを考慮すると ★　30～40歳 と推定できる。	犯行時を目撃した者のうち、1名が身長170センチメートル以上の背の高い男と証言。犯行直後に目撃した者のうち3名及び、直前に犯人とすれ違った者が、少し高めの ★　170~180センチメートル と証言しており、確定は困難なるも、概ね推定できる ※　180センチと主張する目撃者は1名で、Fポート前を逃走する犯人を、Dポートの13階から目撃しており、距離がある。	体格についての証言を得られたのは、8名で ○　痩せ形　5 ○　普　通　3 ★　やや痩せ型の男 と推定できる。	目撃者の目撃距離の関係もあるが10名が帽子を着装していたと証言しており、分類すると ○黒色（縁あり）　2 ○濃紺（縁あり）　5 ○黒色　1 ○色・形不明　2 であり、 ★　濃紺又は黒色の縁のある帽子でチュウーリップ帽様のうちの「メトロ帽」様のと推定できる	犯行時及び自転車で逃走中を目撃した7名が「マスク」を着用していたと証言しており、目撃距離・位置を検分する必要があるが、 ★白っぽいマスク を着用していたと推定できる。	メガネを目撃した者は1名であるが、直近をすれ違う犯人と思われる人物を目撃しており、犯行直前までは、メガネを着用していたと推測され、犯行時にはずしたか、又は、離れた位置からでは判別しずらい色のフレームメガネを着用していたと推定できる。	「コート着用」の点では一致しているが ○　黒色膝まで　5 ○　紺ダスター・レインコート　2 ○　濃紺ロング　3 ○　黒・濃紺レイン　1 ○　紺色トレンチ　1 と分類できることから分析すると ★　黒又は濃紺色のダスター・ラグランコートでセミロング丈のコート（ベルトなし）と推定できる。	下衣については、4名が証言しており、 ○黒又は黒っぽいズボン　3 ○紺色ズボン　1 であることから ★黒又は暗い色のズボン様のものと推定できる。
推定	30~40歳	170~180センチメートル	やや痩せ型の男		白っぽいマスク			黒又は暗い色のズボン

細	所持品について（鞄類）	拳銃について	自転車について
分析	目撃証言を分類すると ○　傘様の長い物 ○　黒っぽいショルダーバック ○　黒色スポーツバック（30~40センチ） に分類できることから分析すると ★　黒又は黒っぽい色で掛け紐が長く、本体が小さい（30~40センチ）、角の無いバック（ミニチュアバック・タウンバック・スポーツバック） と推定できる。	拳銃自体の目撃者は3名で、うち2名は ○　銃身の長い、黒っぽい拳銃の様なもの ○　筒の長い、L字型のピストル と証言している。 また、弾丸の鑑定結果から、38口径であることも判明していることから ★　38口径で、銃身が長く、黒っぽい色の回転式拳銃 と推定できる。	ほぼ全員が、自転車で逃走する犯人を目撃しており、 ○　黒っぽい自転車（前籠付） と言う点では、一致しているが、型式については、 ○　大人用車 ○　ミニサイクル ○　婦人用車 に別れるが、目撃距離等を考慮して分析すると ★　黒又は黒っぽい塗色で前籠付・サドルの低い婦人用自転車（通称ママチャリ） と推定できる。
推定	ミニチュアバッグ　タウンバッグ	黒っぽい銃 ※　例~コルト・パイソンウルテイメート	

総合犯人像	推定犯人図
（年齢） ★　30～40歳位 （身長） ★　170～180㎝ （体格） ★　やや痩せ形 （帽子） ★　濃紺又は黒色の縁のある「メトロ帽」様のもの （マスク等） ★　白色やや大きめのマスク ★　メガネ （上衣） ★　黒又は濃紺色のダスター・ラグランコートでセミロング丈のコート（ベルトなし）と推定できる。 （下衣） ★　黒又は暗い色のズボン様のもの	

警視庁捜査本部がマンション敷地内の目撃情報をまとめた文書。
「年齢30～40歳、身長170～180センチ、やや痩せ形」などと記されている＝特命捜査班の捜査資料より

一方、消極的要素としては「捜査員ですら知らない厳密な意味での秘密の暴露はない」「身長、年齢が目撃証言に基づく犯人像と大きく異なる」ことなどが挙げられていた。

「厳密な意味での秘密の暴露」とは何か。

この文書の作成に携わったオウム犯行説をとる公安部の元幹部は私に「中村が供述した内容は公表されていないが、捜査会議では出ていた話。刑事部が吹き込んだだけだ」と話した。

「吹き込んでいるのはあなたたち公安部だろうが」——私はこの時、Kの供述がつくられたものであることを知っていた。話を聞きながら頭に浮かんだのはそんなフレーズだった。

ここで極秘文書にも登場した「身長」

について触れておきたい。

警視庁は狙撃犯の身長と年齢について、事件発生直後に「約１８０センチ、40歳ぐらい」と発表した。その後、マンション敷地内で犯人を目撃した15人の証言を精査した結果、「身長１７０〜１８０センチ、30〜40歳」と推定した。中村の身長は１６１センチと小柄で、当時64歳。目撃情報と異なることが、中村犯行説を否定する最大の要因となっていた。

そもそも、私は、年齢については以前から疑問に感じていた。犯人は帽子、メガネ、マスクを身につけていたのに、それほど明確に推定できるものなのか？

一方で、身長については疑問を解消する必要がある――。そう考えた私は、元捜査員に、中村とかけ離れた「高身長」と推定された経緯を聞き出し、日本海側のある県に足を運んだ。狙撃犯を一番近くで見たマンションの元住人の男性に会うためだ。


1時間に2〜3本しか電車が止まらない港町の駅から約15分歩くと、玄関先に松の木がある大きな家に着いた。インターホンを押したが、男性は家にいないという。いつ帰ってくるのかを尋ねても「分からない」とそっけない。男性は80歳を超えている。いつ帰ってくるのか分からないような用事で外出などするものだろうか……。

私は出張する1週間ほど前に男性の自宅に電話をかけ、少し話をしていた。男性は「時効になった時に資料は全部捨ててしまった。今は覚えていない」と言った。ただ、電話口の感触はよかった。男性に会えば、話してくれると踏んでいた。

インターホン越しに対応したのは女性だった。直感的に居留守を使われていると感じ、玄関が見える位置で待つことにした。2時間ほど待つと、郵便受けに夕刊を取りに来たのか、男性が外に出てきた。声をかけると玄関先で応じてくれた。


狙撃地点は、國松長官が住むEポートの西隣にあるFポートの植え込みだった。当時、Fポートに住んでいた男性は、出勤時に正面玄関から出た際、5〜6メートルの距離で、植え込みに腰かける男を目撃した。男は空模様をうかがう素振りをしていたため、特に気にせず通り過ぎた。少し歩くと「ドーン」という音が後方で鳴った。とっさに振り返ったが、視界には何も入らなかったため、再び歩き出した。その後、3回音が鳴り、マンション管理人の「発砲だ!」と叫んでいる声が聞こえた。男性は猟銃を撃った経験があったので、発砲音ではなく、建設資材が落下した音だと思って、わざわざ引き返したりはしなかった。最寄り駅まで歩いて向かう途中、妻からの電話で人が撃たれたことを知った。

「犯人を見たかもしれない」。植え込みに座っていた男が頭に浮かび、会社経由で上野署に連絡した。午前9時過ぎに会社に着くと、すぐに署員が事情を聴きに来た。「身長はどのくらいでしたか?」。男性が「座った状態しか見ていません」と答えると、数人の署員が代わる代わる目の前の椅子に座った。男性は1人を指さし、「このぐらいかな」と言った。

男性は「私が見たのは植え込みに座った状態の男だった。立っているところは見ていないし、身長が具体的に何センチだったとも言ってない」と語った。

元捜査員は「犯人を間近で見たのは会社員の男性だけだった。男性が指さした署員が180センチだったため、『犯人は180センチ』という情報が一気に広がった。初動捜査の段階で捜査本部全体が『犯人は背が高い』という先入観にとらわれてしまった。一報を伝えるニュースで、目撃者も高身長とすり込まれてしまった。歴代の公安部幹部は180センチになった経緯を知らない」と明かした。

当初の目撃情報は正しかったのか。特命捜査班は09年6〜7月、発生当初の聞き込み捜査ファイル52冊を精査した。15人の目撃者の多くはマンションのベランダから犯人を見ていた。地上で犯人を見たのは、会社員の男性と3人の管理人だけだった。管理人の1人は「犯人は報道されているような180センチもない。24インチの自転車に乗り、足の長さから見ても大きい人間とは思わなかった」と証言していた。実際、中村が自転車を乗り捨てたと供述した場所から回収された放置自転車は24インチだった。

南千住署捜査本部は、初期の聞き込み捜査が一段落した後、捜査を検証していた。特命捜査班がその検証担当者に話を聞いた内容が、捜査資料に残されていた。

「目撃者がテレビや新聞で知識を得てしまい、捜査員がどれだけ誘導したのかも読めなかった。オウム真理教の中から被疑者を出さなければならなかったが、科学的に立証できる証拠は何も収集できなかった」

私が目撃証言と中村の身長が合わないことを聞くと、ある警視庁の元幹部は自身の経験談を話した。

「数メートルの距離にいた目撃者が『逃げた犯人はピンク色のシャツを着ていた』というので、ピンク色のシャツを着た人物をずっと追いかけたことがあった。しかし、捕まえてみたら黄色のシャツだった。目撃情報なんてそんなもんだ」

公訴時効から11カ月後の11年2月、公安部は初動捜査に不備があったとする捜査検証報告書を公表した。報告書によると、防犯カメラ映像を回収して調査したのは、元オウム幹部のUに似た男が自転車で疾走したという目撃情報があった南東方向だけだった。すでに記したように、そもそもUの目撃情報は公安部によって意図的につくられたものだ。狙撃の実行犯は現場から南西方向に自転車で逃走していたが、南西方向は防犯カメラを回収しておらず、聞き込み捜査も不十分だったと結論付けられている。通常ならばあり得ない捜査で、理解し難い。

報告書では犯人が高身長になった経緯については、一切触れられていないが、初動捜査に不備があったことは、警視庁自身が認めているのである。

ある元警視総監は、公安部と刑事部の捜査手法の違いを、「公安部は事件の筋を読んでから捜査を始める。刑事部はとにかく現場。現場の情報を積み上げる」と評する。

別の元警視総監は私に言った。

「初動捜査があまりにも杜撰（ずさん）だった。最初から刑事部が捜査指揮を執っていたら、事件は解決していた」

「中村犯行説」を頑なに否定する理由とは

一方の特命捜査班は、中村の証言を裏付けるために手を尽くしていた。国際刑事警察機構（インターポール）やロサンゼルス市警察本部などの協力を得ながら2回にわたる米国捜査を実施。1987年9月に中村にパイソンを売った銃砲店の店員まで突き止めた。また、中村が借りていたロサンゼルスの倉庫は、料金滞納で保管物はすでに廃棄されていたが、貸倉庫会社の副社長は「ホローポイント弾が入った箱が2箱あった」と証言した。

犯行に使われた極めて入手困難な銃と弾を、中村が過去に所持していた裏付けは取れた。しかし、公安部は「拳銃の発見」か「支援役の割り出し」を立件の条件にした。オウム幹部らが関与を否定する中、Kの立場を実行役から支援役に変えてまで、Kらの逮捕に踏み切ったオウム犯行説と比べると、中村犯行説の立件のハードルはあまりにも高い。これは捜査に慎重を期したのではなく、あえて立件不可能な条件を特命捜査班に突きつけたと言えるだろう。

中村はともに狙撃計画を立てた支援役がおり、仮名で「ハヤシ」と呼んでいた。しかし、その正体は「同志は売ることはできない」として明かさなかった。

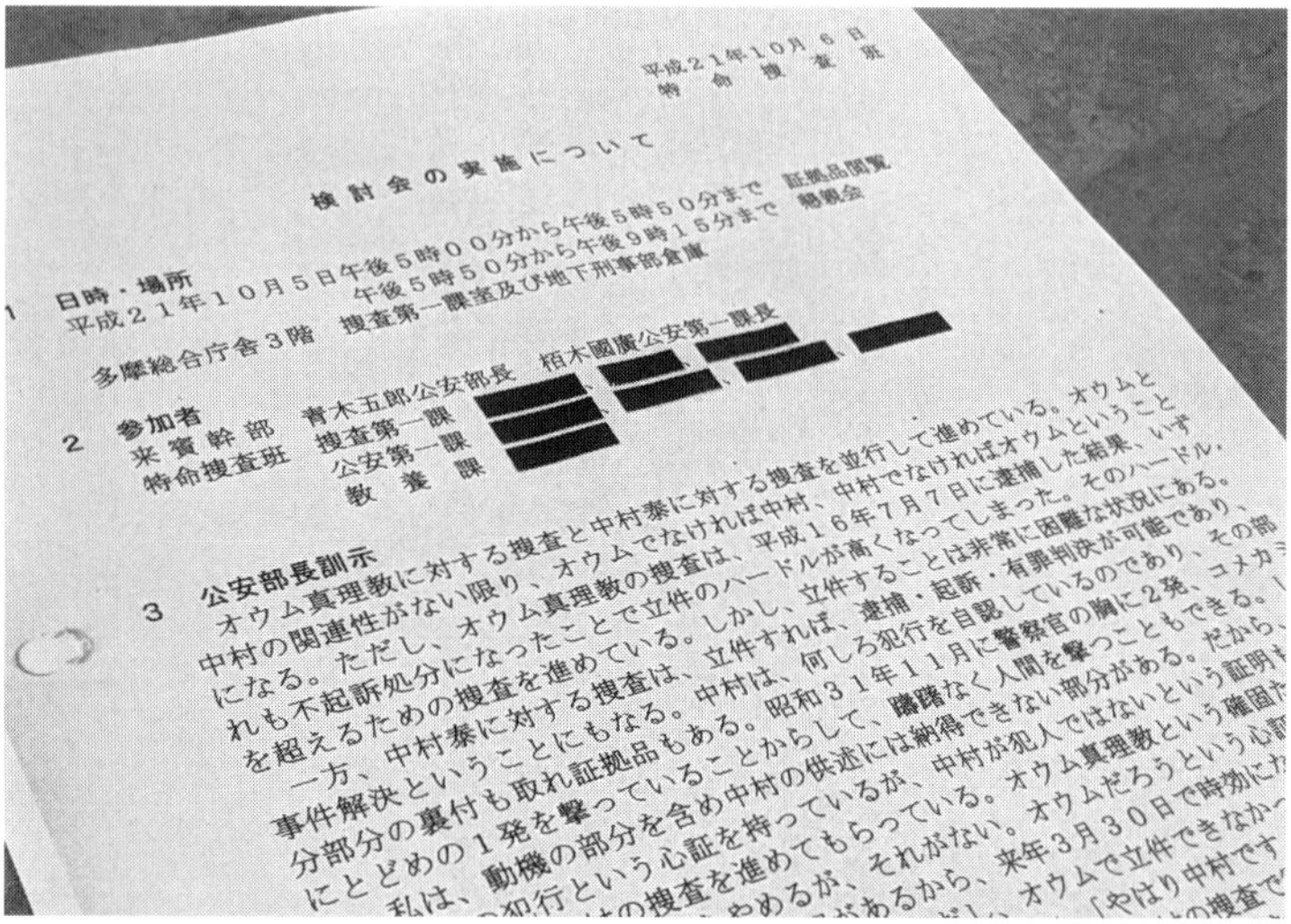
平成２１年１０月６日
特命捜査班

検討会の実施について

１ 日時・場所
平成２１年１０月５日午後５時００分から午後５時５０分まで 証拠品閲覧
午後５時５０分から午後９時１５分まで 懇親会
多摩総合庁舎３階 捜査第一課室及び地下刑事部倉庫

２ 参加者
来賓幹部 青木五郎公安部長 栢木國廣公安第一課長 [redacted]
特命捜査班 捜査第一課 [redacted]
公安第一課 [redacted]
教養課 [redacted]

３ 公安部長訓示
オウム真理教に対する捜査と中村泰に対する捜査を並行して進めている。オウムと中村の関連性がない限り、オウムでなければ中村、中村でなければオウムということになる。ただし、オウム真理教の捜査は、平成１６年７月７日に逮捕した結果、いずれも不起訴処分になったことで立件のハードルが高くなってしまった。そのハードルを超えるための捜査を進めている。しかし、立件することは非常に困難な状況にある。
一方、中村泰に対する捜査は、立件すれば、逮捕・起訴・有罪判決が可能であり、事件解決ということにもなる。中村は、何しろ犯行を自認しているのであり、その部分部分の裏付も取れ証拠品もある。昭和３１年１１月に警察官の胸に２発、コメカミにとどめの１発を撃っていることからして、躊躇なく人間を撃つこともできる。
私は、動機の部分を含め中村の供述には納得できない部分がある。だから、
の犯行という心証を持っているが、中村が犯人ではないという証明
の捜査を進めてもらっている。オウム真理教という確固た
やめるが、それがない。オウムだろうという心証
があるから、来年３月３０日で時効にな
オウムで立件できなか
「やはり中村です

2009年10月5日に開かれた検討会で、青木五郎・警視庁公安部長(当時)が「中村泰に対する捜査は、立件すれば、逮捕・起訴・有罪判決が可能」などと発言したことが記されている＝特命捜査班の捜査資料より

「この理屈が通るなら、凶器が発見できない事件、共犯者が分からない事件は全て立件できないことになる。こんなおかしな話はない」

ある元捜査員は当時の捜査を振り返り、憤った。

時効まで約半年に迫った２００９年10月5日、特命捜査班のもとに青木五郎(あおきごろう)公安部長と栢木國廣(かやきくにひろ)公安1課長が訪れ、中村の犯人性を検討する会議が開かれた。公安部長訓示として、青木氏が語った発言が捜査資料に残されている。

「中村泰に対する捜査は、立件すれば、逮捕・起訴・有罪判決が可能であり、事件解決ということにもなる。中村は、何しろ犯行を自認しているのであり、その

部分部分の裏付も取れ証拠品もある。（中略）しかし、私は動機の部分を含め中村の供述には納得できない部分がある。オウム真理教という確固たる証拠があるならば中村の捜査をやめるが、それがない。（中略）みなさん方は、立件を目指す捜査は困るが、更に捜査を突き詰めていただきたい」

この矛盾する指示は何なのか。元捜査員の1人は、「オウムと無関係の中村の捜査を進める特命捜査班に対し、いくら捜査をしようが立件は認めないと説得しにきたのだと感じた」と振り返った。では、当の青木氏は今、これをどう説明するのか？　直接訓示内容を確認すると、こう語った。

「訓示の発言は記憶にない。ただ自白している場合は有罪になることもあるので、一般論を言った可能性はある。私は中村を犯人だと思ったことは一度もない」

青木氏が「納得できない」と言った動機とは何か。

中村は特命捜査班の調べに対し、狙撃事件の動機について、「オウム真理教によるテロに見せかけて、警察トップを暗殺することで教団への捜査を加速させようとした」と語っていたことが捜査資料に記されている。

特命捜査班班長の原氏は「服役中に警察に積年の恨みがあるとノートに記し、弟にも同趣旨のことを語っていた。『オウム捜査を加速させる』というのは創作した話だ」とみる。そして、「支援役が誰かが明らかになれば、オウムのテロから市民を守るという英雄のような動機が嘘になる可能性があり、ハヤシの正体を明かせなかったのだろう」と振り返った。

これは大城択矢（仮名）の告白「中村さんは動機について『刑務所に入り、人生を台無しにされた。警察に恨みがあった』と言っていた」（44ページ、277ページ）とも合致する。中村が語っていた動機はつくり話であろう。

切り札は「支援役」

公安部が課した立件条件のうち、拳銃の発見は不可能だった。中村は「拳銃は大島行きのフェリーから海中に捨てた」と供述していたためだ。時効が迫る中、特命捜査班は支援役の割り出しに全力を注いだ。大城の存在が浮上したのは、時効まで4カ月を切った2009年12月のことだった。

中村は「時効が切迫しているため、その解明につながる情報を提供する」として、「07〜08年頃、大阪拘置所で雑役夫が一枚の紙片を密かに私に手渡してきた。その紙片には住所だけが書かれていた」と語った。「雑役夫」は、「衛生係」ともいい、配食や掃除を担当する受刑者のことだ。中村はメモに記された京都府内の詳しい住所を、特命捜査班に伝えた。その住所に住民登録されていたのが大城だった。

10年1月、特命捜査班は117枚の写真を用意し、その中に大城の顔写真を忍び込ませた写真台帳を中村に見せた。中村は1枚ずつ確認していった。大城の顔写真を見た時の様子は、捜査資料にこう記されている。

「驚愕している様子で顔面が紅潮して無言状態となり、取調官が『どうですか』と質問しても、返答できないほど声が詰まって動揺した。写真を取調官に返却するとすぐに『もう一度見せて下さい』と言った。写真をまじまじと見るや、取調室内をウロウロ歩き始めた」

その後、取調官が「私たちはこの人がハヤシと見て捜査しています」と伝えると、中村は小声で「ハヤシかハヤシのすぐ下ということで」と答えた。

「支援役＝大城」という心証を得た特命捜査班は2〜3月、4日間にわたり京都刑務所にいる大城の元を訪ねた。聴取は計18時間に上ったが、大城は「手紙はやりとりしているが、中村さんと会ったことはない」「事件当日の午前中は大阪府内にあるスポーツクラブにいた」などと関与を否定した。一方、特命捜査班の追及を受けた中村は、ハヤシに関する供述を変遷させる。大城とハヤシの同一性について問われると、「肯定も否定もしない」と述べた後で、「ハヤシは複合的な人物だ。色々な人物をハヤシとまとめてしまったことが悪かった」などと話した。

別の日には、事件当日に駅から現場まで送迎したのは大城なのかと問われ、「相手次第。大城がそう言うならそうだし、違うと言うなら違う」と答えた。また、「大城が浮上しないことを想定して美化して話した部分はある。大城くんには1万の10倍程度の報酬を払っている」などと、半ば「送迎役＝大城」を認めるような供述をしたこともあった。しかし、最終的には「同志を官権に売り渡すような卑劣な真似はできない」ともとの主張に戻り、ハヤシの正体は明言しなかった。

捜査資料によると、中村は、長官狙撃の計画をハヤシと練り、事件の1週間前から4回にわたり長官のマンションの下見に同行させ、ハヤシが逃走用の自転車を事前に準備したと説明。事件当日の朝、午前8時前にJR西日暮里駅前で、ハヤシと落ち合い、軽乗用車でマンション近くの神社付近まで移動した。降車して、マンション敷地内に入り、出勤しようと建物から出てきた長官を約20メートルの距離から狙撃した。用意していた自転車で現場から逃走し、NTT荒川支店で待機していたハヤシと合流。ハヤシが運転する軽乗用車で西日暮里駅に移動し、中村は駅前で降車。電車で新宿駅に移動し、拳銃を貸金庫に隠した、と述べた。

大城が私に語った内容（42ページ〜）と見比べると、事件当日の朝に中村と一緒に軽乗用車でJR西日暮里駅と現場付近を行き来したという点は一致している。一方で、大城は中村とともに事件を計画したり、事前に下見したりしたことは否定している。

実は、中村がアジトに使っていた三重県名張市の住宅の名義人は、大阪市に住む斎藤（仮名）だった。斎藤は殺人罪で無期懲役判決を受け、千葉刑務所に17年間収監されている。中村も警察官を射殺したとして殺人罪で千葉刑務所に18年間収監されていたが、2人の収監時期は8年8カ月間重なっていた。

中村が「ハヤシは複合的な人物だった」と打ち明けた後、取調官は「あなたにとっていわゆるハヤシの一番は斎藤か」と質問している。中村は「そうですね」と答えていた。斎藤は、中村のことを古くから知る最重要人物だった。しかし、中村の現金輸送車襲撃事件を受けて03年に実施した家宅捜索の際、自宅に踏み込んだ捜査員を目にして、斎藤は青酸カリで自殺を図った。気づいた捜査員がかろうじて止めたものの、警察車両で移動中に具合が悪くなり、急性心筋梗塞で突然死した。斎藤が生きていれば、狙撃事件の全容解明ができた可能性があった。中村が言う「ハヤシ」は大城だけではなかったのだ。

そして、10年3月30日、事件は公訴時効を迎えた。

延べ約48万2０００人の捜査員を投入し、警察の威信をかけたはずの捜査は失敗に終わった。警視庁は翌月、長年の捜査をねぎらう意味を込めて二つの表彰をしている。公安部主体の捜査本部には「警視総監賞」を贈った一方、中村の関与を追った特命捜査班には格下の「公安部長賞」を贈った。特命班の中には、屈辱に感じ、すぐに表彰状をシュレッダーにかけた捜査員もいた。ある元捜査員は言った。

「我々の中では事件は解決していた」

時効会見の文言は誰の意思か？

オウム犯行説、中村犯行説、どちらの立場をとるとしても、ほぼ全ての警察関係者が批判す

2010年3月30日、警察庁長官狙撃事件の時効を迎え会見に臨む警視庁の青木五郎公安部長

るのが、2010年3月30日に開かれた時効会見だ。

青木五郎公安部長は「オウムの組織的テロと認めた」と述べ、A4判16ページの捜査結果概要を公表した。実名こそ書かれていなかったが、オウム信者8人をA～Hまでのアルファベットで表記し、捜査で判明したとする犯行時の役割を列挙した。過去の報道と見比べれば、誰でも容易に人物を特定できる内容だ。未解決で時効を迎えたはずではなかったのか。これではまるで逮捕会見だ。この捜査結果概要は約1カ月間、警視庁のホームページにも掲載された。

オウムの教団主流派で構成する「アレフ」は、国家公安委員会に請願書を提出したが「特段の対応はない」、東京都公安委員会には苦情を申し立てたが「不適切な点があったとは認められない」とそれぞれ回答された。

これを受けて、アレフは11年5月、東京都と池田克彦(いけだかつひこ)警視総監に計５０００万円の損害賠償と警視庁玄関での謝罪文提示を求めて、提訴した。池田氏は時効時の警視総監だ。1審・東京地裁判決（13年1月）は名誉毀損を認めた上で、「無罪推定の原則に反するばかりでなく、刑事司法制度の基本原則を根底からゆるがす」と批判し、都に１００万円の賠償に加え、アレフへの謝罪文交付まで命じた。

2審・東京高裁判決（13年11月）は、1審判決と同様に都に１００万円の支払いを命じたが、「1審判決が報道され、アレフの社会的評価は一定程度回復した」として、謝罪文の交付は取り消した。その後、最高裁で高裁判決が確定した。

私は國松氏からも話を聞いている。國松氏は「オウムの捜査も、Ｋの捜査も、中村の捜査も全部失敗。だから時効になった。被害者としても、当時の警察庁長官としても、慚愧(ざんき)に堪(た)えない」と語り、中村犯行説、オウム犯行説に対する具体的な評価は避けた。ただ、時効会見については明確に批判した。

「起訴もできなかった事件について、オウムであったと言うということ自体、捜査の常道をかけ離れている。裁判所は当然の判断をした。私が警視総監や公安部長だったら、あのような会見は絶対にやらない」

この捜査結果概要が、誰の指示で、どのようにつくられたのか。なぜ誰も止めなかったのか。その詳細はこれまで明らかになっていない。

警察の元幹部たちですら、知っているのは当時の公安部のナンバー2である参事官が文書を作成したことまでだった。

「青木氏にはあんな会見をする度胸はない。米村氏がやらせたのだろう」

これが多くの警察関係者の見立てだ。

米村氏とは時効の直前まで警視総監を務めていた米村敏朗氏だ。ただ、突き詰めて聞くと、誰も米村氏が指示をした現場を見たわけでもない。あくまでも推測の話だった。

米村氏は、01年〜03年に公安部長を務め、04年7月のKらの逮捕の道筋をつくったと言われている。08年8月からは警視総監を務め、時効の2カ月前の10年1月に退任した。中村犯行説の立場をとる者からすれば、中村捜査を潰した張本人とされる人物だ。

米村氏は時効の2カ月前の10年1月に警視総監を退いた際、公安部ナンバー2の福本茂伸参事官に「時効の際、これまでオウムで捜査してきたことは間違っていなかったと言いたい」と伝えた。この点を私は米村氏に幾度となく確認したが、この一言だけだったという。

その後、米村氏は「警視庁顧問」という肩書で、警視庁に残り、関係者へ退任の挨拶回りをしていた。この間、公安部からは何も連絡がなく、月日が過ぎていった。時効会見の内容が気になった米村氏は、時効の１週間前に参事官の福本氏を顧問室に呼んだ。そこで初めて会見時に発表する文案に目を通したという。米村氏は驚いた。立件できずに時効を迎えるにもかかわらず、オウムの犯行と名指しし、オウム信者の役割が詳細に記されていたからだ。その時、こんなやりとりがあったという。

「ここまで書いて訴訟にならないのか？　長官、総監はＯＫしているのか？」

「判例を調べましたが大丈夫です。長官、総監もＯＫしています」

では、時効会見時の「長官」と「総監」は、「ＯＫ」の理由を今、どう説明するのか？

当時、警察庁長官だった安藤隆春（あんどうたかはる）氏は、

「書きすぎていると感じたが、警視庁が決めたことなので私は口を出す立場ではない。そのまま了承した」

警視総監だった池田克彦氏は、

「公安部には簡潔にしろと言ったが、出てきたものはかなり踏み込んでいた。ただ、社会に対してどういうふうに捜査が向いていたのかは言わざるを得ないと思ったので了承した」

と、それぞれ答えた。

池田氏は２カ月前に警視総監になったばかり。公安部に押し切られた形だろう。

記者会見をした公安部長の青木氏にも話を聞いた。その時のやりとりは次のようなものだ。

「あそこまで断定する必要はあったんですかね？」

「そのことについてはとやかく言うことはありませんので。ただし、そういう判断をしたということは事実です。決裁文書で残っているわけですから」

「池田さんも社会に対してこういう捜査をしてきたということを公表する意味はあると。最終的には、警視総監の決裁が出ているわけですけども、それにいくまでの過程で、誰かがブレーキを踏まなかったのかなと」

「国賠で負けると思ってはないですね。ギリギリかもしれないけどもセーフだろうと。そういう判断になった」

「なんておっしゃいました？」

「ギリギリ。そういう問題があるかもしれないけども、負けることはないだろうということですよ。つまり、負けないだろうということですよ」

本当に国賠で負けると思っていなかったのか。私には青木氏が真実を言っているようには思えなかった。


一方で、実際に捜査結果概要を作成し「長官・総監もOKしている」「判例も調べた」と発言したとされる公安部参事官の福本氏の言い分はどうだろうか？　現在は北朝鮮による拉致問題に対応する「拉致問題対策本部」事務局長という政府の要職に就いている。実際にどの判例を調べたのかは不明だが、東大法学部出身のキャリア警察官が、オウム側から訴訟を起こされるリスクを勘案しなかったとは考えづらい。青木氏の言う「ギリギリセーフ」どころか最初から完全にアウトだったはずの案件である。

福本氏が参事官になったのは時効5カ月前の09年10月。ある元公安部長は「福本氏はこれまでの捜査の複雑な経緯を把握していなかった」と振り返る。また、別の元公安部長は「福本氏は取り調べ経験が全くないのに、オウム幹部を自ら取り調べて報告書をつくった。めちゃくちゃだ。報告書は福本氏ら数人でつくったと聞いている」と明かした。

特命捜査班の元捜査員によると、参事官就任直後、中村に関する捜査資料に目を通した福本氏は「こんなやつがいたのか」と驚愕したという。私の手元にある捜査資料の「福本参事官指示内容」には、09年11月の発言が、次のように記されている。

「オウム真理教の場合は、逃走する自転車を複数の人が目撃していることやKのコートに残渣物の付着がスプリングエイトにより認められた。中村の場合は出来すぎぐらいの調書があり、証拠があり、自認もしている。真実は一つしかないからどちらかが嘘になる」

「何とか中村をシロにできないか。シロになる証言を引き出せないのか」

福本氏にも、警視庁顧問室での米村氏とのやりとりと、特命捜査班に対する指示内容について尋ねた。

「本当に申し訳ないんですけども、私の方からお話しすることはございません。ご了承していただけたらと思います」

と言って自宅の門扉の前で何度も頭を下げた。私は「仮説」をぶつけた。

「私は米村さんの意向を勝手に忖度しすぎたのかなと思っているんですが。青木さんも然りですけど」

「米村さんが、どうおっしゃっているか知りませんけども、すいません、本当に、ごめんなさい。本当に、いらっしゃっていただいて、申し訳ないんですけども、私は何も喋ることはないと思っておりますし。そういうことでご理解ください」

そう言って、再び頭を下げ、家の中に入っていった。

実は青木氏は09年10月の特命捜査班との検討会の中で、「警視総監に『やはり中村です』とは、今の段階では言えない」と話したことが残されている。この時の警視総監は米村氏だ。

問題となった捜査結果概要に関わる人物たちから一通り話を聞いたが、福本氏がなぜ、ここまで踏み込んだ捜査結果概要を書くことになったのか、その理由はよく分からなかった。この取材に数カ月かけたが、釈然としない思いだけが残った。

未解決の要因は「忖度」と「無謬主義」

私はある公安部長経験者に、なぜ、米村氏に誰も物を言えなかったのかを尋ねた。返ってきたのは極めて分かりやすい理由だった。

「警視庁で警備1課長をやって、警務部参事官をやって、公安部長をやって、最後は総監までやっている。出世のゴールデンルートを歩いてきた。影響力を持っているから、なかなか言えない。このゴールデンルートは米村さんが最後じゃないか」

この話を聞いた時、腑に落ちた気がした。

警察は異常なまでの階級社会だ。下から、巡査、巡査長、巡査部長、警部補、警部、警視、警視正、警視長、警視監、警視総監。そして、階級はなく、指定職として最上位に位置するのが警察庁長官だ。年功序列ではなく、階級が上の人が偉い。ノンキャリアの警察官は巡査からだが、国家1種試験を合格したキャリアの警察官は警部補からスタートする。キャリア警察官は昇進スピードも全く違い、数年で警視まで昇格する。ノンキャリアでは、警視にはそう簡単にはなれない。そもそも警視以上の階級になれるのは、全警察官のうち、わずか数パーセントという狭き門だ。キャリア警察官は、最終的に警察庁長官、警視総監を目指す。それぞれポストは一つしかない。

時効会見があったのは3月30日の午前中だった。その日の午後に福本氏は特命捜査班に対し、「すみませんでした」と深々頭を下げたという。中村に対する捜査の打ち消しの意味もあったのかもしれないが、私にはオウム犯行説をとる米村氏に対する過度な忖度が、時効時の会見を招いたという気がしてならない。

ノンキャリアの最高峰ポストである捜査1課長まで上り詰め、1課長退任後も刑事部に残り、中村に対する捜査を見届けた佐久間氏は私に言った。

「狙撃事件に関しては、一部のキャリア警察官は、真実の追求なんて全く頭になかった。オウムの犯行として終わらせることに汗をかく人もいた」

理論や判断に誤りがないこと、間違っていないことを「無謬（むびゅう）」という。日本の官僚組織は、誤りをただそうとしない無謬主義に陥っていると批判されることが多い。警察や検察といった捜査機関は、他の組織よりその傾向は顕著だ。一度決めた見立てに固執し続けるのはその典型と言える。

さて、話はさかのぼるが、ここで、事件当日を知る重要人物であり、狙撃事件の捜査ができるポストや、中村との対面を要望していた警察庁長官の秘書官だった田盛氏のこと（64ページ〜）を思い出してほしい。なぜ、真相解明への道は断たれたのか？

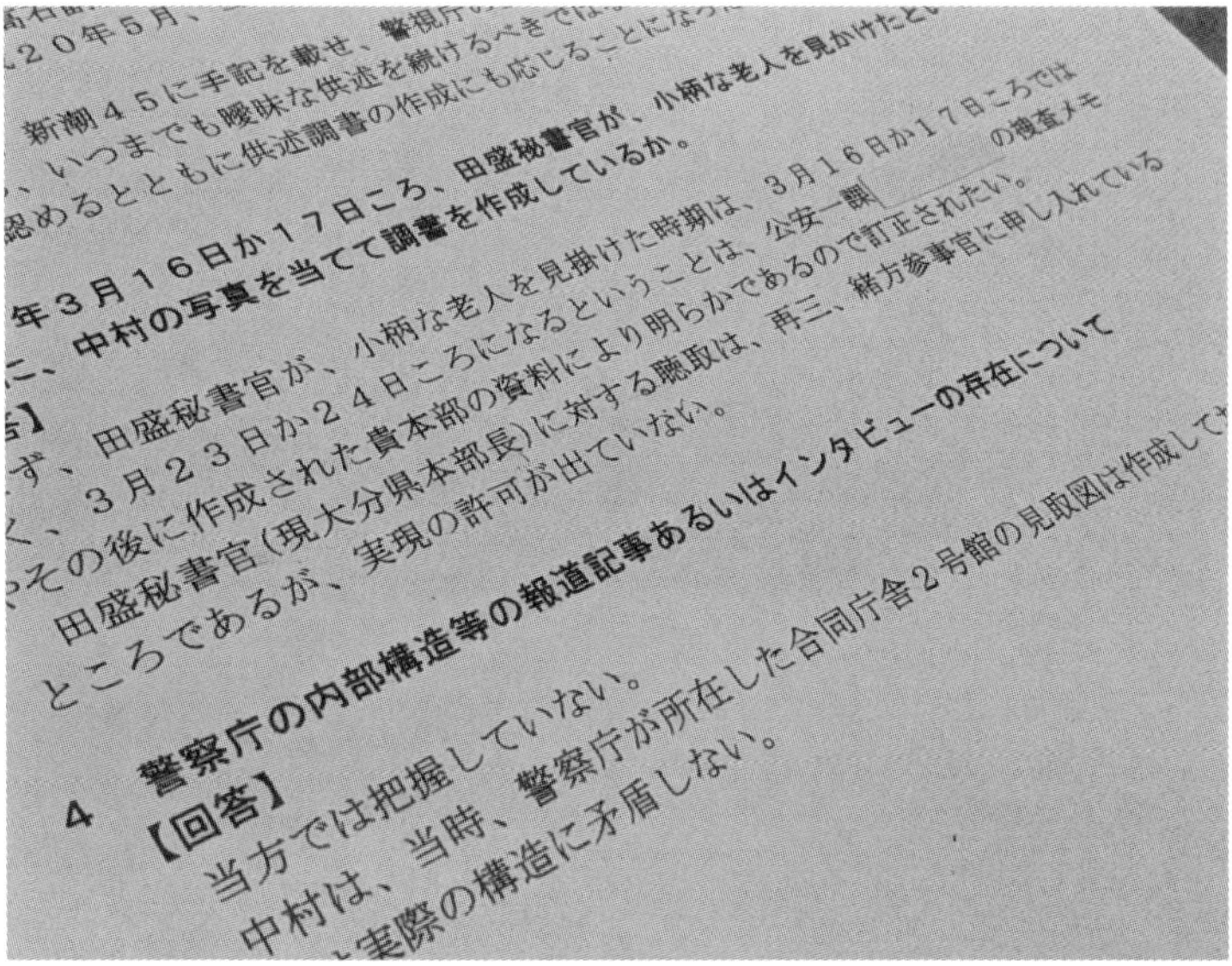
20年5月、　警視庁
新潮45に手記を載せ、警視庁
、いつまでも曖昧な供述を続けるべきでは
認めるとともに供述調書の作成にも応じることになっ
年3月16日か17日ころ、田盛秘書官が、小柄な老人を見かけたとい
に、中村の写真を当てて調書を作成しているか。
答】
ず、田盛秘書官が、小柄な老人を見掛けた時期は、3月16日か17日ころでは
く、3月23日か24日ころになるということは、公安一課　　　　の捜査メモ
やその後に作成された貴本部の資料により明らかであるので訂正されたい。
田盛秘書官（現大分県本部長）に対する聴取は、再三、緒方参事官に申し入れている
ところであるが、実現の許可が出ていない。
4　警察庁の内部構造等の報道記事あるいはインタビューの存在について
【回答】
当方では把握していない。
中村は、当時、警察庁が所在した合同庁舎2号館の見取図は作成して
実際の構造に矛盾しない。

特命捜査班の捜査資料には「田盛秘書官に対する聴取は、再三、緒方参事官に申し入れているところであるが、実現の許可が出ていない」と記されている＝特命捜査班の捜査資料から

２００９年９月８日に作成された特命捜査班の捜査資料には次のような記載がある。

「田盛秘書官に対する聴取は、再三、緒方参事官に申し入れているところであるが、実現の許可が出ていない」

この「緒方参事官」とは、25年1月まで、警視総監を務めた緒方禎己氏だ。緒方氏は当時、特命捜査班に「田盛氏はオウムの犯行と話しているから無駄だ」と話していたという。

実際の田盛氏の認識は正反対だが、特命捜査班は緒方氏の言葉を真に受けて聴取を諦めていた。

田盛氏が捜査協力を申し出ていたことを特命捜査班だったある捜査員に伝えると「全く知らなかった。完

全な捜査妨害だ」と憤った。

中村の捜査に協力したい田盛氏、田盛氏から話を聞きたい特命捜査班。両者が結びつくことを妨害したのは誰なのか。

私は当時、緒方氏の上司だった警視総監の米村氏、公安部長の青木氏に、「田盛氏の聴取を止めるよう指示したのか」を尋ねた。

米村氏は「その話は全く知らない。なんで止めるのか理解できない。中村だったら中村で構わん。きちっと捜査してほしかった」。一方の青木氏は「それは心当たりはありません。私には全く分かりません」。

2人がこう言うならば、当時を知るはずの緒方氏に聞くしかない。

24年1月、私は、警視総監に就任する4日前に緒方氏からこの経緯を聞こうと自宅を訪ねた。しかし、緒方氏は「自宅では受け付けていないので」とだけ言って、家の中に入っていった。後日、警視庁にも同様の質問を投げたが、回答は短いものだった。

「ご質問の事件については、2010年に捜査を終結しており、コメントすることはありません」

緒方氏が口を開かない限り真相は分からない。ただ一つ言えることは、本人の意思か否かにかかわらず、公安部の「オウム真理教の犯行」という見立てを守った人物が、トップにまで上り詰めることができるのが、警視庁という組織であるということだ。

老スナイパーの死　真相は闇の中へ

2024年5月22日午後7時15分。東京都昭島市の医療刑務所で一人の受刑者がひっそりと息を引き取った。

長年、特命捜査班が真犯人とみて追い続けていた、中村泰、94歳。死因は誤嚥性肺炎だった。

東京新聞が朝刊に記事を掲載した日の午前7時過ぎ、「抜かれた（他社に先んじて報道されること）」と連絡を受けた私は、慌てて中村の弟の聡さん（仮名）に電話をかけてウラを取り、その日の夕刊に記事を出した。一息ついた後、警察の元最高幹部にメールで中村の死を伝えた。しばらくして返信があった。

「生きている限り何かあるのではと思っていましたが、全て絶たれた気がします。いずれにしろ、遠藤さんは捜査よりも一歩真実に近づかれたと思います。ご苦労様でした」

――生きている限り何かある。同じ気持ちだった。しかし、その日はもう永遠に訪れることはない。

日本警察のトップが狙撃され、犯人を逮捕できずに時効を迎えた前代未聞の事件。一人の老人の死とともに、その真相は闇の中に消えた。

第3章

なぜ事件はつくられたのか

異例の起訴取り消し会見

「弁護人の主張などを踏まえて再捜査した結果、省令で定める要件の該当性に疑義が生じたことなどの事情を考慮し、公訴を取り消すべきという判断に至った」

２０２１年7月30日、東京・霞が関の中央合同庁舎6号館B棟の会議室。急遽開かれた記者向けの会見で、東京地検公判部の児玉陽介（こだまようすけ）部長が、外為法違反事件の起訴取り消しを発表した。公判部は刑事裁判を担当する部局。「公訴」とは検察官が裁判所に対し、容疑者を刑事裁判にかける申し立てをすることで、「起訴」とほぼ同義語だ。

初公判をわずか4日後に控えた直前のタイミングで、東京地検が自ら起訴した事件について、突如、裁判を取り消すという異例の事態が起きた。

起訴が取り消されたのは、横浜市の化学機械メーカー「大川原化工機」の大川原正明社長と元取締役の島田順司さん。軍事転用可能な機械を中国と韓国に不正輸出したとして、外為法違反で起訴されていた。二人とともに起訴された元顧問の相嶋静夫さんは、この年の2月に亡くなり、すでに死亡を理由に裁判を打ち切る公訴棄却決定がなされていた。

児玉部長は「反省すべき点もあった」としつつも、その反省点が何なのかは語らず、起訴取り消しの理由を次のように説明した。

「公訴を維持すると、追加立証の補充捜査が必要になる。捜査に相当の時間がかかり、確実に立証に必要な証拠を得られるとも言いがたい。捜査を継続する間、被告に負担を負わせてしまう」

この会見には、検察担当の記者（P担：Prosecutor担当）が出席していた。東京の司法記者クラブに所属するP担は、政治家の汚職などを独自に捜査する東京地検特捜部の動きを追うのが主な仕事だ。警視庁公安部が逮捕した一企業の外為法違反の事案について、起訴を取り消したと突然言われても、各社のP担は、そもそも逮捕の事実すら把握しておらず、関心もそれほど高くはなかったことだろう。実際、翌日の新聞各社の記事の扱いは社会面2段程度だった。

新聞各社は、その日のニュースの価値を判断し、見出しの大きさと掲載する面で記事に差を付ける。最も重要なニュースは1面のトップ記事で4段、2番手の記事は3段といった具合だ。社会面でも同様に見出しの段数に差を付け、ニュース価値を読者に分かりやすく伝えるための紙面づくりをしている。複数段にまたがらない短い記事は「ベタ」と呼ばれ、今回の起訴取り消しをベタで報じた社もあった。

この会見に出席したP担が公判部長の発言を記したメモを、今、改めて読み返してみると、東京地検の説明は、まるで「追加捜査をすれば立証できたかもしれないが、時間がかかるので社長らのために起訴を取り消してあげました」とでも言わんばかりの内容だ。

しかし、別途、捜査関係者から入手したある捜査メモと合わせて読み解くと、実際はそんな悠長な話ではなかったことが分かる。

そのメモの日付は、記者向けに会見を開いた9日前の7月21日。東京地検公判部の小長光健史副部長が警視庁公安部に起訴取り消しを伝えた際のやりとりが記されている。そこには、「公判の維持は厳しい」とした上で、起訴取り消しの理由を具体的に二つ挙げていた。公判部長は記者向けには「追加捜査をしたらどうにかなる」という趣旨の説明をしたが、本当の起訴取り消しの理由は、東京地検の発表とはまるで違っていたのである。

偶然参加した記者会見「この事案は難しい」

起訴取り消しから3日後、今度は大川原化工機側が、東京・霞が関の司法記者クラブで会見を開いた。私はこの時、東京地裁と東京高裁の刑事裁判を担当していた。検察担当のP担に対し、裁判担当は、通称「J（Judge）担」と呼ばれている。毎日新聞のJ担には、最高裁担当、東京地高裁の民事担当もいる。

起訴が取り消された当事者側の会見は、事案の継続性からP担が出ても差し支えなく、今後、訴訟になることを見越して民事担当が出てもよかっただろう。今思うと、毎日新聞のブースにはP担も民事担当もおり、たまたま刑事担当の私がこの会見に出たのは、何かの縁だったのかもしれない。警察庁長官狙撃事件の取材が本格化したのはこの年の11月。まだ、本格的な取材は始まっておらず、「警視庁公安部」と聞いてピンときたわけでもなかった。

会見には、大川原社長、島田さん、大川原化工機の顧問弁護士を務める高田剛弁護士らが出席した。記者会見は会見を開く側が事案概要を説明した後に、質疑応答に入るのが通常の流れだ。私は毎日新聞に掲載された2回の逮捕と起訴取り消しの際の記事に軽く目を通し、会見に臨んだ。

高田弁護士は、事件の概要と捜査の時系列を記した紙を配布してから会見を始めた。開口一番、捜査を批判した。

「立件ありきの警視庁公安部、何より、捜査が不十分な状態で起訴に踏み切った塚部貴子検事には相当問題があった」

「東京地検」ではなく、塚部検事のフルネームを挙げて批判した後で、事件の詳しい説明に入ったが、正直、面食らった。

「国際輸出管理レジーム『オーストラリア・グループ』」

「噴霧乾燥器の輸出規制3要件」

「定置した状態で内部の滅菌又は殺菌をすることができるもの」

——聞いたことのない単語のオンパレードだ。そもそも噴霧乾燥器という今回問題となった機械を見たこともなければ、聞いたこともない。滅菌と殺菌の言葉の違いすら分からない。

「この事案はかなり難しい」。それが率直な第一印象だった。

一通り説明を終えた高田弁護士に促されて思いを述べた大川原社長の声は震えていた。

「一番残念なことは、我々と一緒に仕事をしてきた相嶋さんの死亡です。事件の内容としては保釈が認められていいはずだったが、認められなかった。その結果、命を落としてしまった。本当に残念で申し訳ないと思っています」

「当社は信条として、平和と健康な社会づくりに貢献するんだということでやってきた。輸出に関しても、社内で何度も話をして、一生懸命取り組んできたと思います」

ある記者の「逮捕、起訴、保釈請求というタイミングで、色々な人たちが判断できたのではないか？」という質問を受けて、冒頭では発言しなかった趙誠峰（ちょうせいほう）弁護士が次のように答えた。

「勾留が長引いたのは、裁判所の責任も極めて大きい。法令に該当するかは、保釈の時も裁判官は当然審査している。それにもかかわらず、『否認しているんだ』『黙秘しているんだ』『会社で口裏合わせしているんだ』という検察官の言い分を完全に鵜呑（うの）みにして、保釈を蹴り続けた。当然、裁判所も批判されるべきだと思います」

この趙弁護士は、これまで多くの無罪判決を勝ち取ってきた刑事弁護を専門とする弁護士だ。大川原化工機の弁護団に名を連ねていた。

否認したり、黙秘したりする容疑者や被告の保釈が認められず、勾留が長引くという日本の司法制度の実態は「人質司法」と批判される。自身の身体を人質に取られて自白を強要されているような状況に陥っているためだ。

最初の会見で、大川原化工機の弁護団は、「警視庁公安部の見立てありきの捜査」「警察の捜査をチェックするはずの東京地検の機能不全」「保釈を認めない裁判所」といった今回の冤罪事件を巡るほぼ全ての問題点を指摘していた。

ただ、この時の私は事案を理解するのが精いっぱいで、起訴取り消しの背後にある問題まで腰を据えて取材しようとは考えもしなかった。

序章で軽く触れた事件の経緯を、ここで改めて見てみよう。

２０１８年10月、警視庁公安部は大川原化工機の本社や社長宅など、関係先14カ所に一斉に家宅捜索に入った。その後、任意の取り調べが始まった。その回数は、20年3月に逮捕されるまでのおよそ1年半の間に、大川原社長は40回、島田さんは39回、相嶋さんは18回に上る。半数以上の社員も取り調べを受けた。

1年以上にわたって社を挙げて警察の捜査に全面的に協力してきたにもかかわらず、警視庁公安部は東京地検と協議を重ねた上で、逮捕に踏み切った。3人は逮捕直後から黙秘を貫き、保釈は一向に認められなかった。弁護側が保釈請求した回数は、大川原社長と島田さんはそれぞれ6回、相嶋さんは8回にも上る。大川原社長と島田さんの勾留は、保釈されるまで３３２日に及んだ。相嶋さんは、勾留中にがんが見つかったが、保釈は認められなかった。勾留の執行停止という形で20年11月に外部の病院に入院したが、すでに末期の状態だった。がんは肝臓にも転移しており、被告の立場のまま翌年の2月に亡くなった。

輸出規制要件と公安が目をつけた「殺菌」

警視庁公安部の捜査の何が問題だったのか。それを理解するには、前提として、噴霧乾燥器の構造や輸出規制要件をつかんでおく必要がある。今回の捜査は、現職警察官が「捏造」とまで言い切る極めて恣意的な内容だった。少し難しい話になるが、その実態を正しく把握するためにも重要な鍵となるため、お付き合いいただきたい。

すでに序章でも説明した通り、スプレードライヤとも呼ばれる噴霧乾燥器は、液体や液体と固体の混合物を熱風の中に霧状に撒き、水分を蒸発させて粉末にする機械だ。インスタントコーヒーや粉ミルクといった食品から、医薬品や化粧品、セラミックスなどの製薬、化学分野の製造現場でも、広く利用されている。

大川原化工機は従業員約90人の中小企業ながら、国内ではこの機械のリーディングカンパニーとして知られる。アジアやヨーロッパなどにも機械を輸出してきた化学機械メーカーだ。ただ、国内の同業他社は10社程度に限られ、機械を海外に輸出している企業に絞ると5社程度になる狭い業界でもある。噴霧乾燥器は生物兵器の製造に転用される恐れがあるとして、国際的には２０１２年から規制対象となり、国内では13年10月から規制が始まった。

国際社会の安全と平和を維持するため、軍事転用可能な製品や技術をテロリストなどの手に渡らないようにすることを「安全保障貿易管理」という。輸出規制の内容は、国内では外為法や省令で細かく規定されている。今回、大川原化工機の社長らが逮捕された容疑は、経済産業相の許可を得ずに輸出が規制されている噴霧乾燥器を輸出したとする、外為法違反だった。

輸出規制は、国際的に同じルールでなければ意味がない。例えば、輸出規制の内容がA国では緩く、B国では厳しかった場合、A国から製品や技術が海外に流出し続けてしまうだろう。そこで、「国際輸出管理レジーム」という国際的な枠組みをつくり、各国が協調して、同じ条件で輸出規制をかけているのだ。原子力やミサイル関連技術を規制するレジームもあるが、噴

大川原化工機の噴霧乾燥器＝横浜市都筑区で2021年10月8日

霧乾燥器を規制対象にしたのは、生物・化学兵器を規制するレジーム「オーストラリア・グループ（AG）」。イラン・イラク戦争で化学兵器が使用されたことを受け、1985年に発足した。オーストラリアが議長国を務めていることから、こう呼ばれ、日本を含む42カ国とEUが参加している。

AGは全ての噴霧乾燥器を規制対象としたわけではなく、次の

三つの要件を全て満たす、性能の高い機械に絞った。

（イ）水分蒸発量が１時間あたり０・４キログラム以上４００キログラム以下のもの
（ロ）平均粒子径10マイクロメートル以下の製品を製造することが可能なもの、又は噴霧乾燥器の最小の部分品の変更で平均粒子径10マイクロメートル以下の製品を製造することが可能なもの
（ハ）定置した状態で内部の滅菌又は殺菌をすることができるもの

要件（イ）は機械の製造能力に関するものだ。小さすぎても、大きすぎても、生物兵器の製造に適さないため、ほどよい大きさの機械を対象にした。要件（ロ）は粉体のサイズだ。10マイクロメートル以下の粉体は簡単に肺に入ってしまうため、極めて小さい粉体を製造できる機械を対象とした。そして、要件（ハ）が今回、問題となった規定だ。

「定置した状態」を言い換えると、「機械を分解することなく、そのままの状態で」という意味になる。噴霧乾燥器で製造された粉体は、製品回収容器にたまる仕組みになっているが、機械内部の壁面などにもこびりつく。粉体を製造した後、機械を分解して、水や薬液で洗い流すというのが、通常の作業工程だ。しかし、生物兵器に使われるような毒性の強い菌を製造した後に、粉体を洗い流すと、作業した人は菌を吸い込んだり、触れたりして感染してしまう。

粉体を安全に繰り返し製造するためには、菌に接触することなく、機械内部を洗浄できなければならない。作業員の曝露（ばくろ）防止ができる性能を備えた機械を対象にしたのだ。

業界の常識では、要件（ハ）は、機械を分解して手洗いするのではなく、ボタン一つで機械内部を薬液で自動洗浄してくれる設備を組み込んだ機械のみが該当すると考えられていた。実際、公安部が捜査を始めた当時、輸出許可申請を経産省に出していたのは、西日本にある1社、それも1件だけだった。申請理由も「輸出規制品に当たるかよく分からないので、とりあえず申請した」というものだった。大川原化工機は、自動洗浄装置が付いていない機械を輸出していたため、規制品に当たるとは考えていなかったのだ。

「滅菌又は殺菌できるもの」とは何か。ＡＧは、滅菌と殺菌についても、定義している。

・滅菌…物理的手法（例えば、蒸気の使用）あるいは化学物質の使用により、当該装置から全ての生きた微生物を除去すること
・殺菌…殺菌効果のある化学物質の使用を通じて、当該装置中の潜在的な微生物の感染能力を破壊すること

※潜在的な微生物……不特定多数の菌のこと

しかし、経産省がこの国際ルールを運用通達としてまとめた際、滅菌と殺菌を区別せずに、一つの文章にしてしまった。運用通達にはこう書かれている。

滅菌又は殺菌をすることができるもの…物理的手法（例えば、蒸気の使用）あるいは化学物質の使用により、当該装置から全ての生きている微生物を除去、あるいは当該装置中の潜在的な微生物の伝染能力を破壊することができるもの

一読しただけでは、同じ意味だと思うかもしれない。実は私も当初、何が違うのか分からなかった。国際ルールでは殺菌方法が「殺菌効果のある化学物質の使用」に限定されている。一方、経産省の運用通達では、「物理的手法」と「化学物質の使用」のどちらでもいいことになっている。このことが結果として、「化学物質の使用」以外の方法でも殺菌に当たると解釈できる余地を与えてしまったのだ。

滅菌は、医薬品の規格基準書「日本薬局方」で「微生物の生存する確率が１００万分の１以下になること」と具体的に定義されている。しかし、殺菌は、文字通り「菌を殺す」という意味で、その対象や程度が定められていない、曖昧な言葉だ。

警視庁公安部は、そこに目を付けた。

明確な定義がある「滅菌」は早々と断念し、曖昧な「殺菌」での立件を目指した。噴霧乾燥器の付属のヒーターで空だきし、機械内部を高温にして、有害な菌が1種類でも死ねば殺菌に当たるという独自解釈「乾熱殺菌」を打ち立てた。省令では、炭疽菌、ボツリヌス菌、コレラ菌、ペスト菌、大腸菌などを、生物兵器に使われる細菌として定めている。公安部がこの中から選んだのは、熱に弱い大腸菌だった。

２００1年9〜10月に米国で炭疽菌テロ事件が起きた。炭疽菌が中に入った封筒がマスメディアや上院議員に郵送された。郵便物を取り扱う中で、炭疽菌を吸い込んだ22人が感染し、5人が死亡した。炭疽菌は熱や乾燥などで周囲の生存環境が悪くなると、「芽胞」という種のような形で休眠状態になって生き延び、環境が良くなると発芽して増殖する。封筒に入っていたのは、炭疽菌の芽胞で、人が芽胞を吸い込むと体内で増殖するという特徴を利用した生物テロだった。

そもそも細菌を乾燥させる目的は、生きたまま保存することにある。菌が死んでしまったら生物兵器には使えない。生物兵器に詳しいある大学教授は、公安部が噴霧乾燥器の実験に大腸菌を使用したことについて、いかに妥当性を欠いているかをこう語った。

「テロリストが噴霧乾燥器で生物兵器をつくるとしたら、炭疽菌などの芽胞になる菌を使う。噴霧乾燥器を使って、芽胞にならない大腸菌をわざわざ乾燥させる意味がない。大腸菌を生物テロに使うとしたら、サラダバーなどにウェットな状態で吹きかければいいだけだ」

大川原社長自身も同様の見解だ。24年8月に東京都内であった冤罪問題のパネルディスカッションで、「大腸菌を噴霧乾燥して、生きたまま保存するのはとても大変な話。乳酸菌は20〜30%の生存率で回収することはできるが、大腸菌は1%の生存率で回収するのも難しい。我々が実験した時は、0・1%も生きている菌はいなかった」と噴霧乾燥器で大腸菌の粉末を精製することの現実味のなさ、効率の悪さを説明した。

わざわざ海外から噴霧乾燥器を輸入し、極めて生存率の低い大腸菌を乾燥させて生物兵器として使うテロリストが、世界中のどこにいるのだろうか。

これを見ても分かるように、公安部は捜査を進める中で、省令の文言の粗を見つけ、生物兵器の利用実態にそぐわない机上の空論で立件したのだ。

外為法は1条で、日本と国際社会の平和と安全を維持し、日本経済の健全な発展に寄与することが、法律の目的だと謳っている。大川原化工機は全ての顧客に対し、軍事転用しないという誓約書を書いてもらっていた。誓約書をもらわない限り、見積書も出さないという徹底ぶりだった。外為法の趣旨を忠実に守っていたのだ。

そんな大川原化工機を狙い撃ちにした今回の公安部の捜査は、平和と安全を維持することでもなければ、日本経済の発展に寄与することでもなかった。公安部の濵﨑警部補は国家賠償請求訴訟の証人尋問で、こう言った。

「立件しなければならないような卑劣な客観的な事実があったわけではない。立件したのは捜査員の個人的な欲。捜査幹部に自分はこうなりたいというのがあった。それ以外には考えられない」

事件を立件したことで、公安部外事1課は20年7月に警視総監賞、12月には警察庁長官賞を受賞した。捜査員たちも個人として警視総監賞や公安部長賞を受賞した。さらに、警察活動を広く国民に理解してもらうことを目的に、警察庁が毎年発刊している「警察白書」の21年版の中で、経済安全保障の取り組みの実績として、大川原社長らの逮捕をアピールしていた。

大川原化工機を立件したことは、警察庁と警視庁内で高く評価され、捜査を指揮した幹部、捜査に積極的だった捜査員らは軒並み昇任して外事1課を出ていった。

ただ、濵﨑警部補の捏造発言があった翌月の23年7月、これらの表彰はいずれも返納され、ウェブ上の警察白書から大川原化工機に関する記載は削除された。

飛び出した捏造発言

「捏造って言ったんですけど」

2023年6月30日。記者クラブの一隅で資料を読んでいた私は、キャップに報告する後輩の口から聞き慣れない言葉が飛び出して思わず顔を上げた。

たしか、この日は大川原化工機による国を相手取った裁判——国賠訴訟——が行われていたはずだ。驚きながら状況を確認するキャップに後輩記者は、ノートを見ながら法廷での発言を説明する。

この日は、警視庁の現職警察官4人の尋問が行われた。午前10時に時間通りに開廷し、証言台には、公安部外事1課の濵﨑（はまさき）警部補が立った。真実を述べることを宣誓した後、〝身内〟でもある東京都（警視庁）側の弁護士の質問に、「はい」と「いいえ」で簡潔に答えたところまではごく普通の流れだった。ところが、大川原化工機側の弁護士の質問に移ると、状況は一変し、捜査批判を始めた。そして、弁護士の踏み込んだ一言を受けて、冒頭の発言が飛び出す。

「さっきから聞いていると、事件をでっちあげたと言われても否めないと思いますが、違いますか？」

「まあ、捏造ですね」

あまりに突然の、そして衝撃的な一言に、質問した弁護士ですら一瞬驚いた表情を見せたという。

その後も、裁判官の質問に対し、濵﨑警部補の捜査批判は続いた。

「立件しなければいけないような客観的事実はなかった」

「立件したのは捜査員の個人的な欲」

後輩の説明を聞いている私ですら耳を疑うような発言だ。

国際テロ組織や過激派などによる事件を担当する公安部は、捜査情報を外に漏らさないよう保秘の徹底をたたき込まれている。捜査の内情は「秘中の秘」のはずだ。ましてや、公開の法廷で、事件を「捏造」とまで言い切り、公然と捜査を批判するのは異例中の異例だ。そもそも、警視庁訴務課（警察相手の訴訟に対応する部署）も証言内容を打ち合わせる「証人テスト」をしているはずだ。東京都（警視庁）側の弁護士だけでなく、傍聴席にいただろう警視庁関係者の青ざめた顔が浮かぶ。

しかし、異例の発言はその後も止むことはなかった。濵﨑警部補の次に証言台に立った時友警部補も、具体的なエピソードを交えながら、濵﨑警部補と同様に捜査批判を繰り返した。そして、事件をこう振り返った。

「捜査幹部がマイナス証拠を全て取り上げなかった。マイナス証拠をちゃんと反証していればこういうことは起きなかった」

「捏造」「マイナス証拠の排除」――。またた。警察庁長官狙撃事件と大川原化工機事件。全く別の二つの事件が「公安捜査」という1点で頭の中でつながった。警察庁長官狙撃事件では、公安部は元巡査長Kの供述調書や捜査結果概要を恣意的につくった。「オウム犯行説」をとる公安部からすれば、中村泰の存在自体がマイナス証拠そのものだった。私は、第1章で記した狙撃事件に関する話の一部を、この法廷証言があった3カ月前の23年3月に紙面化していた。

濵﨑警部補の法廷での告発の真意はどこにあるのか？

捜査当時、公安部で何が起きていたのか？

再び取材を始めなければならない。

取材の始まりと社内で起きた〝事件〟

取材を開始するにあたって、勝算はあると考えていた。

保秘を徹底されている公安部の現役捜査員から話を聞くハードルは高いが、2人が捜査を批判した。「1人ではない」ことは重い。ということは、2人以外にも必ず捜査に批判的な立場の人がいるはずだ。組織内部の反対派のことを「反目（はんめ）」という。調査報道の取材は、反目を見つけるところからスタートする。そこから取材先を広げていき、全体像を把握するのだ。

さっそく、警部補の「捏造」発言があった翌7月から捜査員の自宅に行って情報を聞き出す「夜討ち朝駆け」を始めた。

初対面で話してくれる捜査員はまずいない。「守秘義務がある」「組織に連絡しないといけない」と断られるのがほとんどだ。相手が喋らなければ一方的に話しかけ、何とか会話の糸口を探る。逆に話に乗ってくれるようなら相づちを打ちながら話を広げる。相手の表情や仕草、言葉の抑揚、全てに気を配らなければならない。

警視庁に限らず、多くの警察は、記者が個別に捜査員を取材することを禁じている。記者が接触してきた場合は上司に報告を求める「通報制度」を敷く。その代わり、課長などの幹部がメディアの取材に対応する仕組みだ。捜査幹部は各社の記者と付き合っているため、真のネタ元にはなりにくい。気に入った記者に、他社との情報に少しだけ差を付けるぐらいのもので、捜査の誤りや組織の不祥事などは口が裂けても言うことはない。

通報制度をかいくぐり、第一線で捜査をしている現場の捜査員から生の声を聞き出すことが、記者の醍醐味(だいごみ)であり、難しさでもある。

ところが、捜査員たちの自宅に通う中で、ちょっとした〝事件〟が起きた。

公安部の幹部から、毎日新聞の警視庁記者クラブ宛に電話がかかってきたという。

「御社の記者が、捜査員の自宅に行ったそうですね。御社はそういう姿勢なんですね」

相手の立ち位置が分からない中で、手当たり次第に当たっていけば通報されるのはよくあること。これは想定内だった。

捜査員からの通報が積み重なると、当局から記者クラブの加盟社に対して「出禁」と呼ばれる措置を取られる。「明日からしばらくの間、出禁です」などと記者クラブに突然、電話がかかってくる。「出禁」は出入り禁止のことで、捜査幹部の取材がしばらくの間できなくなることを意味する。

今回も、その例に漏れず通報されたということだが、出禁になったわけでもない。ここで止めたら、当然取材は停滞してしまう。ところが、警視庁クラブのキャップから連絡を受けた司法記者クラブのキャップが、夜討ち朝駆けを一旦、中止した方がいいのではないかと言い出した。その理由は、「警視庁クラブにも立場があるから」だった。

「また止められるのか」——実は、警察庁長官狙撃事件の記事は社内の反対に遭い、記事掲載まで半年ほど塩漬けにされていた。その時のことを思い出すと同時に、大阪府警の捜査1課と2課を担当していた時代が蘇(よみがえ)った。

当時、府警キャップやサブキャップは私によくこう言って聞かせた。

「通報は無視しろ。出禁になっても構わない。誰か1人でいいからネタ元を見つけてこい」

「取り込まれるから幹部は極力回るな」

「不祥事の情報を取ってくるやつが一番偉い」

こんな言葉がすり込まれている私には、警視庁クラブの記者が出禁になって今後の取材に影響が出ることや、対警察はもちろん、対社内ですら微妙なパワーバランスや駆け引きがあることは承知しつつも、当局に苦言を呈されて、自主規制する今の状況が理解できなかった。捏造発言で局面は変わり、全力で取材すべき段階になったはずだ。一度の通報で夜討ち朝駆けを中止していたら、真実は何も見えてこない。

そんな中、状況が変わる出来事が起きた。2023年9月24日に放送されたNHKスペシャル「〝冤罪〟の深層　～警視庁公安部で何が～」だ。

法廷で捜査批判を繰り返した2人の警部補以外の捜査員がＮＨＫの取材に応じたという。思った通りだった。捜査に批判的な立場の人間は他にもいた。

この放送を受け、12月27日に言い渡される国賠訴訟の1審判決に向けて、再び捜査員の自宅を回り始めることになった。一度やめた取材を他社の報道を見て再開する——。こんな情けない話があるだろうか。

権力と闘う、冤罪を追う

今でこそ、権力や組織の不正を暴く調査報道に携わり、社内の弱腰に憤る私だが、実は、新聞社に入社したのも偶然だった。何か大きな志があって記者になったわけでもない。漠然とマスコミ業界を目指し、受かったのが毎日新聞というだけだった。就職活動中には企業説明会に一度も行ったことがなく、入社するまで、「夜討ち朝駆け」という言葉すら知らなかった。しかし、記者を続ける中で、奮い立つような「事件」や「人」との出会いがあり、変わっていった。いや、変わらずにはいられなかったのかもしれない。

入社2年目の２００９年11月、初任地の鳥取で、鳥取連続不審死事件が〝弾け〟た。鳥取市の元スナックホステスの周囲で7人の男性が不審な死を遂げていた。その中には鳥取県警の警察官や読売新聞の記者もいた。元スナックホステスは、2人の男性に対する強盗殺人容疑などで逮捕、起訴され、死刑が確定した。鳥取県警史上最大の事件と呼ばれている。

この時、大勢の応援記者が、大阪社会部から鳥取支局に乗り込んできた。その一人に社内一の事件記者と言われている人がいた。夜討ち朝駆けの心構えとして、「雪地蔵になるんや」と言われた。雪が降る中で傘を差さずに立ち続け、頭や肩に雪が積もると警察官が同情して話をしてくれるという。冗談かと思ったが、目は笑っていない。下に厳しいが、上にも厳しい人だった。記事のやりとりで本社と電話をしていた際に、地方部長に向かって「このど素人がすっこんでろ」と怒鳴っていた。上司に平然と物申す姿。これが記者なのかと圧倒された。

新聞各社には降版協定というものがあり、午前1時59分59秒までに起きた出来事は、朝刊紙面に載せていいという決まりがある。そこで、私は後輩記者と話し合い、午前2時まで捜査員を自宅前で待つことにした。鳥取に限らず、都市部に比べて地方は交通機関が不便なことが多いため、自家用車で通勤する警察官も多い。酒を飲んだ日は、運転代行で帰ってくる。都市部のように、終電で帰ってこなかったら引き上げるという判断ができないのだ。

中でも、帰りがいつも遅い捜査員がいた。何軒か回ると、最後はいつもその人の家に行くことになった。「バカヤロー。来るなと言ってるだろうが」と何度も怒鳴られた。冬空の下、他社はすぐにいなくなった。「雪地蔵」の効果もむなしく、怒鳴られ続けて半年が経った。夜の寒さも緩む頃、「お前はバカだな」と言われて以降、30分ほど立ち話をしてくれるようになった。

どんな相手でも、いつかは喋る――。この成功体験があったからこそ、今でも記者を続けられている。

鳥取県警の記者クラブには、中国新聞の年配記者がいた。行政取材が中心で、県警の記者クラブにも、とりあえず籍を置いているという人だった。大学を卒業したばかりの若い記者に鍋を振る舞うなど、いつもニコニコ笑っていた。会えばいつも「遠藤君、元気かー」と話しかけてくれた。ところが、この人が一度だけ見たこともない剣幕で怒鳴ったことがある。

10年5月の捜査本部解散の際、県警の刑事部長が、会見にはテレビカメラは入れないと言い出した時のことだ。

「これだけの大事件で、テレビカメラを入れないなんてあり得ない。おかしいだろ」

この人が怒っている姿を見たのは後にも先にも、この1回だけだった。私はこの人が怒らざるを得ない状況をつくってしまったことを深く恥じた。記者クラブに常駐し、これだけ取材をしてきた私が言うべきことではなかったのか。

この時、思った。記者は闘わないといけない、と。

雪の中で立ち続けたことが認められたのか、鳥取支局から大阪社会部に異動した。社会部長から「使えなければ3カ月で飛ばす」と言われた。実際、すぐに異動を告げられた記者もいた。無我夢中で様々な事件を追った。いつしか、「コミ（聞き込み取材のこと。東京では「地取り」という）」に関しては、誰にも負けないようになっていた。

大阪府警の捜査1課を担当していた頃、大阪では、虐待による逮捕が相次いでいた。赤ちゃんを激しく揺さぶることで、脳の内部が損傷する「乳幼児揺さぶられ症候群」という事案だった。英語の「Shaken Baby Syndrome」から「ＳＢＳ」とも呼ばれる。ＳＢＳは、①硬膜下血腫②網膜出血③脳浮腫の三つの症状があった場合、赤ちゃんを激しく揺さぶったと推定できるというものだ。赤ちゃんの容態が急変した際に一緒にいた家族が次々と逮捕されていた。

15年7月も、そんな虐待事件を報じる準備を進めていた。私は自動車用品店に行き、最も暗いスモークフィルムを買い、自家用車の後部座席に貼った。そして、あるマンションの近くに車を止めた。事前に部屋の位置は確認していた。望遠レンズを付けたカメラで、洗濯物を干しにベランダに出た女性――Ａさん――を撮影した。

事件担当記者は、捜査情報をつかむと同時に、逮捕前に容疑者が分かった場合、逮捕時に備えて容疑者の顔写真と一問一答を取るのが仕事とされていた。

Ａさんは9月、生後1カ月の長女を激しく揺さぶったとして、殺人未遂容疑で逮捕（傷害罪で起訴）された。紙面には私の撮った顔写真が掲載された。

私はこの時、Ａさんのことを「子を虐待した母親」としか思っていなかった。

その後、大阪地高裁の裁判担当になり、別の虐待事件を取材することになった。生後2カ月の孫娘を揺さぶり死亡させたとして、傷害致死罪に問われた60代後半の女性（Ｂさん）の裁判を傍聴した。Ｂさんは、私が捜査1課担当を外れた後の16年12月に大阪府警に逮捕されていた。

Ｂさんの娘、つまり、亡くなった女児の母親が、法廷で涙を流しながら母（Ｂさん）の無実を訴えていた。

「母（Bさん）は、孫のことを目に入れても痛くないというほど可愛がっていた。虐待なんてするわけない」

被告人質問などを聞いても、Bさんは優しいおばあちゃんにしか見えなかった。脳にダメージを与える激しい揺さぶりは、1秒間に3往復の速さが必要とされていた。法廷の柵の内側にいる女性が、孫娘の頭を揺さぶる暴行を加えたとは、どうしても思えなかった。

17年10月、大阪地裁はBさんに懲役5年6月の実刑判決を言い渡した。判決後、女児の母親から話を聞こうと法廷の外で待っていたが、傍聴席で泣き崩れ、いつまで経っても外に出てこなかった。

「この判決は本当に正しかったのか？」

私が釈然としない気持ちで立ち尽くしていると、突然、声をかけられた。

「今、SBSは海外では無罪判決が相次いで、大問題になっている。冤罪です」

甲南大の笹倉香奈教授（現：「イノセンス・プロジェクト・ジャパン」事務局長）だった。

脳裏に浮かんだ疑念を払拭できるかもしれない……とっさにそう感じた私は、その日の夜に催されるという「SBS検証プロジェクト」の勉強会に、急遽、参加させてもらった。

SBSは、1971年に英国の小児神経外科医が発表した仮説「三つの症状があり、乳幼児の体に目立つ虐待の痕がなければ、揺さぶられたと推定できる」が始まりで、日本ではその仮説が定説となり、立件が相次いでいる。一方で、「低い位置から転落した場合でも同じ症状が出る」と異論を唱える研究者も出始め、欧米でも再検証し、再審無罪となる事例が出ている。日本の現状は、世界から一回りも二回りも遅れている――という。

全く知らなかった。私だけではないだろう。実際にBさんの裁判では、このような話は一切出ていなかった。弁護人も全く知らなかったのだろう。

私はいてもたってもいられず、後日、実刑判決を受けたばかりのBさんの自宅に向かった。インターホンを鳴らしたが誰も出てこなかった。事前に書いていた家族宛ての手紙を投函した。「SBSが海外で冤罪事件として問題になっています。すぐにSBS検証プロジェクトに連絡して下さい」という内容だった。

その後、Bさんの家族が手紙を読んでくれたかは分からない。ただ、2審・大阪高裁からはプロジェクトのメンバーが弁護し、無罪を勝ち取った。検察側は上告せず、判決が確定した。

私が紙面に顔写真を載せたAさんの方にも動きがあった。プロジェクトのメンバーが1審から弁護を担当した。1審は有罪だったものの、控訴審で逆転無罪となった。最高裁まで争われた結果、2021年7月に無罪が確定した。

Aさんは弁護士を通じて「本当に長い7年間でした」とコメントした。

プロジェクトが支援した裁判では24年末までに11件の無罪判決が確定している。逮捕されたものの、不起訴となった事例も20件近くに上った。私は傷害容疑で逮捕された後、不起訴となった母親や、傷害致死容疑で逮捕されてから3年8カ月後に無罪が確定した父親などを取材して記事にした。この問題を広く伝えなければいけないと思った。女性の写真を撮影し、紙面掲載したことに対するせめてもの罪滅ぼしだった。

これらを通じて一つ肝に銘じたことがある。捜査機関は常に正しいというわけではない、ということだ。

警察や検察などの当局担当の記者は、捜査関係者と信頼関係を築き、「明日、容疑者を逮捕する」といった捜査の進捗状況を聞き出すことが仕事だ。ただ、これは明日になれば分かる話だ。逮捕権という強大な権限がある捜査機関が誤った場合、身柄を拘束された人たちの日常は一瞬にして崩れ、取り返しのつかない結果をもたらす。にもかかわらず、当局側がその誤りの過程を自ら検証し、明らかにすることは、ほとんどない。メディア不信が叫ばれる昨今、記者に求められるのは、いくら当局側からにらまれようが、時間と労力をかけ、明日になっても分からない捜査の実態を追うことではないか。

出遅れた取材と内部文書

ＮＨＫの報道を受け、再び夜討ち朝駆けを開始した２０２３年10月のある夜、とある住宅街。私はある捜査員の自宅のインターホンを押した。出てきたその人は、まだ夜7時を回ったくらいの時間だったが、くつろいでいたのか部屋着姿だった。それでも建物の外まで出て、突然の私の訪問に対応してくれた。ここを訪ねるのは2回目だった。

前回の訪問時、私は、警察庁長官狙撃事件を取材してきたことを一方的に話し続けた。公安部の捜査を批判した記事を以前に掲載したと伝えることで、相手から少しでも信頼してもらおうと考えたからだ。

「公安部の見立て捜査は過去にも間違っていたんです。今回も全く同じことが起きていて、公安部の体質は何一つ変わっていないと思います」

相手は黙って聞いていた。私は取材の趣旨を書いた手紙と狙撃事件の記事を入れた封筒を渡そうとしたが、受け取ってもらえなかった。「記者が来たら組織に連絡しないといけないので」。言葉少なにそれだけ言って、建物の中に入っていった。

だが、この日は違った。予想に反して会話が続いた。

「捜査をおかしいと思った人はいっぱいいた。めちゃくちゃです」

捜査員が語り出した言葉は、怒りで満ちていた。屋外で立ち話を始めて5分ほど経っただろうか。今日はいける――手応えを感じた。

捜査員は、喋っている間も横目で周囲の状況をちらちらと確認する。

「本当に話して大丈夫なんですよね」。何度か聞かれた。

「誰から聞いたかは絶対に言いません。そこは信じてください」

ヘッドライトをつけた乗用車が低速で近づいてきた。一瞬、会話が止まる。車が通り過ぎるのを見届けると、捜査員は再び静かに語り出した。

「法律の解釈をねじ曲げてやろうと思った。これが全ての始まりと聞いています」

その後も話は続いた。捜査員は表情を変えないものの口調は熱を帯びていった。立ち話が始まってから30分ほど。薄着だった捜査員は、体をさする仕草をした。「もう、このぐらいで」の合図だろう。会話を切り上げようとした。すると、捜査員は最後にこう付け加えた。

「あまりにも組織が変わらない。また同じようなことをやりますよ」

私は頭を下げ、最寄り駅に向かって歩き出した。初めて捜査員から詳しい話を聞けた。私は興奮冷めやらぬまま、同僚にメールを送った。

「捏造の構図が分かった」


駅に向かう途中、コンビニに寄った。たばこに火を付けて煙を吐き出す。気持ちを落ち着けて状況を整理する。

捜査員は様々な取材のヒントをくれた。ＮＨＫに先行されたものの、ここから巻き返すしかない。もはや社内で取材にストップがかかったことなどは些末な問題だ。この日から、私の取材は加速していくことになる。


ようやく1人目の捜査員が口を開いてくれた夜から1カ月ほど経った頃。私はとある駅前に立っていた。時計の針は約束の午後6時半を指そうとしていた。

スマートフォンが鳴った。画面に表示された発信元は「公衆電話」。2コール目で取ると、挨拶もそこそこに電話口で言われた。

「そこから南に歩いて行くと公園があります。そこに来てください」

土地勘がないので、スマホでグーグルマップを立ち上げ、画面に目を落としながら歩く。公園は繁華街にあった。道すがら、連れ立って歩くサラリーマンたちとすれ違った。これから一杯、引っかけにいくのだろうか。

公園の入り口に着くと、先ほどの電話の相手が立っていた。肩越しに見える公園にはスーツ姿の人たちがあちこちにたむろしていた。待ち合わせスポットになっているのだろう。

この人が私との連絡に自分のスマホを使うことはない。私と連絡していることが記録に残らないよう、公衆電話を利用する。「おつかれさまです」と挨拶をすると、相手はうなずいて、数メートル先の公園内に視線を向けた。腰くらいの高さの植え込みがある。

「あそこに封筒が落ちているので拾ってください。たまたま拾ったということで」

そう念押しし、この人はその場を立ち去った。顔を合わせてからわずか10秒ほどのやりとりだった。

これまで多くの刑事や検事と会ってきたが、「落とし物」を装って、資料の受け渡しをするのは初めてだった。記者の情報源になっていることがバレないよう、ここまで徹底しているのか――。

周囲から怪しまれないよう、さりげなく植え込みに向かった。枝葉をかき分けると二つ折りにした茶封筒が見えた。拾い上げ、スーツのポケットにしまう。周囲に人がいないところまで移動し、封を開くとＡ４サイズの１枚の紙が入っていた。東京地検が起訴取り消しを警視庁公安部に伝えた際のやりとりが記された打ち合わせメモだった。文字を追った。

打ち合わせは21年7月21日午前11時から40分間。東京地検、公安部双方の幹部が出席したと冒頭に記されていた。起訴取り消しは7月30日なので、その9日前だ。公判部の小長光副部長は「公判の維持は厳しい」とした上で、その理由を二つ挙げていた。

①客観性能（殺菌能力）を立証する目処が立たない←実験で殺菌できなかった

②法令解釈を、裁判官に説明できない←初期の捜査メモ（経産省）を読むと、「意図的に、立件方向にねじ曲げた」という解釈を裁判官にされるリスクがある

立件方向にねじ曲げた――。起訴取り消しの驚くべき理由だった。このメモを入手する数週間前、ある捜査関係者は私に言った。

「今回の事件は、公安部の想定通りに機械内部の温度が上がらなかったというミスみたいな話ではない。国際的なルールには英語で、殺菌は『化学物質の使用』とちゃんと書いてある。それを経産省が忠実に訳さなかったことを、公安部は捜査の序盤でつかんでいた。そこで、解釈をねじ曲げてやろうと思ったんだ」

捜査関係者の話と打ち合わせメモの内容が見事に符合していた。この時点で、複数の捜査関係者から、捜査を指揮した係長（警部）が、「外為法はザル法。解釈をつくれるのはチャンス」「カモがネギを背負ってきた」と部下らに話していたことも聞いていた。

この解釈の問題こそが今回の冤罪事件の核心だろう。

打ち合わせメモ、そして複数の捜査関係者の証言。調査報道の記事を出す上での材料がついにそろった。この時点で、どのメディアも警察の内部資料を入手したという報道はしていなかった。満を持して、23年12月7日、毎日新聞朝刊1面トップに「公安　立件方向にねじ曲げ」という記事を出した。3面には複数の捜査関係者の話を盛り込みながら、起訴取り消しに至った経緯に関する詳細記事を展開した。今回の問題点を指摘する第1弾の記事を世に出すことができた。しかし、取材をすればするほど、この捜査の闇を思い知ることになる。

この記事は始まりにすぎなかった。

第4章

公安に狙い撃ちされた企業と人

大川原化工機の本社=横浜市都筑区

なぜ大川原化工機だったのか

東海道新幹線、ＪＲ横浜線、横浜市営地下鉄が乗り入れ、高層ホテルやオフィスビルが林立する新横浜駅から２駅。ＪＲ横浜線の鴨居（かもい）駅で電車を降りると、同じ横浜市内でも雰囲気はがらりと変わる。線路に沿うように流れる鶴見川に架かる橋を渡ってしばらく歩くと、背の低い町工場が建ち並ぶ一角に４階建ての社屋が見えてきた。

２０２４年１月、私は大川原化工機の本社に向かっていた。私はこの頃、すでに、警視庁公安部が立件に不利な証拠を隠蔽した疑惑をつかんでいた。噴霧乾燥器の温度実験をした際、見立て通りに温度が上がらなかった測定箇所のデータを除外し、経産省に報告した疑いだ。しかし、この話を記事にするには、噴霧乾燥器の構造を詳しく知る必要がある。会社側に相談し、紹介されたのが、入社30年を超えるベテラン技術者の武村さん（仮名）だった。

武村さんは、カタログや図面を広げながら、サイクロン、製品回収容器、排風口といった装置の各部位の特徴や寸法について説明してくれた。そうして、一通り話し終えた武村さんが、ふと口にした。

「なぜ、大川原だったんでしょうか」

私はこの質問に虚を突かれたような思いがした。

当時、私は捜査当局の内部資料を入手し、捜査の問題点を指摘する記事を出すことに力を注いでいた。目が向いていたのは公安部側を追及することだが、その対極にいる、大川原化工機側の逮捕された社長ら3人のことも忘れたことはない。一方で、その陰にいた、大川原化工機の社員たちに今ひとつ考えが及んでいなかった。彼らもまた、「当事者」だった。そんな武村さんら社員の立場からは、今回の公安部の捜査はどのように映ったか。

18年10月3日、午前9時の朝礼前に、いきなり大勢の捜査員が会社に押しかけてきた。「動くな」「電話するな」と大声で怒鳴り、パソコンや書類を根こそぎ持っていった。その日から間もなく、社員らは何度も任意の事情聴取を受けた。警察の任意の捜査に協力的に対応していたが、20年3月には社長ら3人が逮捕、起訴された。そして、21年7月30日に起訴が取り消された。この約2年10カ月の間、社員とその家族がどれだけ不安な日々を過ごしたのかは、想像に難くない。武村さんは部下から「退職したい」と言われた場合、どう答えるかを考えていたという。社員も、当事者、関係者である以上に、社長ら3人と同じように、冤罪事件に巻き込まれた被害者なのだ。

起訴が取り消されても、捜査当局から説明はない。知らないうちに事件に巻き込まれ、知らないうちに事件が終わったのだ。何が起きていたのか知りたいと思うのは当然だろう。内部資料とともに捜査の問題点を突く記事とは違い、捜査の端緒を説明する記事は紙面上大きな扱いにはならないかもしれない。しかし、この冤罪事件を追う記者として、武村さんの「なぜ、狙われたのか」という根本的な疑問に答えなければならないと思った。

なぜ、大川原化工機だったのか——。

この頃、すでに話をできる関係を築いていた複数の捜査関係者にこの疑問をぶつけてみた。すると、数々の信じ難い答えが返ってきた。

「大企業だと警察ＯＢがいる。会社が小さすぎると輸出自体をあまりやっていない。１００人ぐらいの中小企業を狙うんだ」

これは捜査を指揮した警視庁公安部外事1課5係の係長だった宮園勇人（みやぞのはやと）警部が日頃から言っていた言葉だという。大川原化工機は社員約90人の中小企業。警察ＯＢも雇っていない。国内では噴霧乾燥器のリーディングカンパニーで、ヨーロッパを中心に機械を輸出していた。宮園警部がターゲットに挙げる会社の条件と完全に一致していた。捜査のきっかけは次のような経緯だったという。

17年春、輸出管理に関する調査研究をしている一般財団法人「安全保障貿易情報センター（ＣＩＳＴＥＣ）」が、民間企業の輸出管理担当者を対象に開いた講習会があった。この講習会に外事１課の巡査長が１人で参加した。そこで、噴霧乾燥器が生物兵器の製造に使われる恐れがあるとして、13年10月から国内で輸出規制の対象になったことを知った。

まだ手を付けていない分野には、まだ見ぬ〝宝〟が眠っているとでもいうのだろうか。

「５係は新しいものが好き。新しくできた規制での立件第１号は注目されるから、調べることにした。捜査で端緒をつかんだわけではなく、毎年参加している講習会に出ただけだ」（捜査関係者）

しかし、端緒の話は、外事１課が当初、大川原化工機側に伝えていた話とは異なっている。大川原化工機の複数の社員は、外事１課から任意の取り調べを受けた際、「中国のあってはいけない場所に大川原化工機の噴霧乾燥器があった」と言われていた。

私は最初にこの話を聞いた時、大川原化工機の装置が輸出規制品に当たるかどうかという問題は別にして、少なくとも、外事１課が大川原化工機の装置が危険な国や組織に流れたことをつかんで、捜査を始めたと思っていた。

ところが、端緒は単なる講習会だったのだ。ある捜査関係者は私にこう言った。

「『火のないところに煙は立たぬ』ということわざがあるが、大川原には火も煙も立っていなかった。我々が火を付けに行っただけだ」

巡査長の報告を受けた外事1課は、噴霧乾燥器について詳しく調べることにした。一定の条件を満たした装置は輸出規制の対象になり、輸出する際には経済産業相の許可を取る必要がある。外事1課が経産省に問い合わせたところ、輸出許可申請を出していたのは、西日本にあるX社だけで、しかも申請は1件のみだった。

これまでに輸出許可申請が1件しか出ていなかったのはなぜか。それは、大川原化工機をはじめ、業界では「輸出規制品に当たるのは自動洗浄装置付きの噴霧乾燥器」という認識だったからだ。業界全体の認識として、自動洗浄装置が付いていなければ、輸出の際に許可申請を出す必要はないと考えていたのだ。捜査関係者によると、許可申請を出していたX社ですら、「規制品に該当するかよく分からないので、とりあえず申請した」という程度の認識だったという。

業界全体が輸出許可申請は不要と考えていたとなると、たとえ不正輸出があったとしても、規制品と分かっていて輸出したという「故意」を問うのは難しい。本来、ここで捜査は立ち止まらなければならない。捜査はまだ序盤で、容易に引き返せたはずだ。

しかし、ここで外事1課に思いもよらぬ追い風が吹く。

X社が大川原化工機に対し、液体を霧状に噴霧する噴霧乾燥器のノズル部分の特許を巡って、訴訟を起こしていたのだ。しかも、当時はまだ1審判決が出ておらず、X社と大川原化工機が係争の火花を散らしていた時期だ。外事1課は訴訟記録を取り寄せ、X社を取り込もうと考えた。実際、この作戦は奏功した。ある捜査関係者は「X社は次第に公安部の見立てに沿うことは何でも言うようになっていった」と明かす。後に「X社の証言は本当に信用性があるのか」と、内部で問題になるほどだったという。

ストーリーありきの捜査はなぜ止まらなかったのか

私は捜査関係者を取材する中で、「不正輸出事件には被害者がいない」という言葉を何度も聞いた。どういうことなのか。殺人や強盗、窃盗といった一般の刑事事件には必ず被害者がいる。殺害された場合、被害者は言葉を発することはできないが、遺体から死因や死亡推定時刻などは特定できる場合が多い。現場に指紋や毛髪などが残されていれば、犯人特定の大きな手がかりとなるだろう。強盗や窃盗の場合は、防犯カメラに犯人が映ったり、目撃者がいたりする場合もある。少なくとも被害品は必ず存在する。

一方、外為法違反に問われる不正輸出事件はどうか。ルールを守っている企業の立場からすれば、不正輸出をした企業によって自社の利益を損ねられ、広い意味での被害者と言えるかもしれない。しかし、殺された、奪われた、盗まれたというような、直接の被害者は見当たらない。つまり、不正輸出事件は、被害者側の証言や被害現場の状況と照らし合わせる必要がないのだ。

ある捜査関係者は言った。「被害者から話を聞く必要がないので、ある意味では『当事者不在』の捜査になる。法令解釈や業界の認識を押さえてしまえば、捜査機関側が事件をいくらでも組み立てられる。ストーリーありきの捜査になるリスクがある」

大川原化工機の捜査はどうだったか。宮園警部が「外為法はザル法」と周囲に語っていたように、公安部は、ＣＩＳＴＥＣの生物・化学兵器製造装置分科会の主査だった男性に話を聞きに行き、経産省の輸出規制省令が曖昧で、欠陥があることを序盤でつかんだ。そして、独自の乾熱殺菌という解釈を打ち立てた。噴霧乾燥器メーカー、そして装置を実際に使うユーザーからも話を聞いたが、公安部の乾熱殺菌を支持する会社はいなかった。そこで、何でも言いなりになる同業他社のＸ社の証言を業界の認識と位置付けた。公安部はまず見立てを決め、それに沿う証拠や証言を集めていったのである。

ある捜査関係者は諦めと怒りを込めて言った。

「おかしいと思う捜査員はたくさんいたが、捜査は止まらなかった。幹部に表立って異を唱えれば、翌日に捜査から外されるだけだ」

捜査方針に沿う証言を集められない捜査員は宮園警部から個別に呼び出され、叱責を受けることもあった。また、大川原社長の取調官は当初、「捏造」発言をした濵﨑警部補だったが、不正輸出を認める調書を取ってこないので、途中で交代させられたという。そもそも大川原化工機側は不正輸出をしたという認識はないため、社長や社員から不正輸出を認める調書は、本来取れるはずがないのだ。

ストーリーありきの捜査は別の事件でも起きていた。外事１課５係は大川原化工機の捜査を始める直前まで、金属加工メーカー「Ｙ社」の不正輸出事件を捜査していた。Ｙ社は外為法で規制されている核兵器の開発に転用可能な「誘導炉」をイランなどに輸出したとする疑いがかけられていた。社長ら２人は外為法違反容疑で書類送検されたが、17年３月、いずれも不起訴（起訴猶予）処分になった。ある捜査関係者は自嘲を交えて言った。

「貴金属を溶かす鋳造機でウランを溶かして固めるような馬鹿はいない。業界では、この装置の輸出が法律で規制されていることをみんな知らなかった。このため検察は不正輸出の『故意』を問えないと判断した。公安部は『故意』があると考えたが、検事はそう考えなかった」

捜査関係者によると、この時は、Ｙ社を退職した社員の話を軸にして事件を組み立てたという。Ｙ社の事件では「退職した社員」、大川原化工機の事件では「同業他社のＸ社」が重要な役割を果たした。公安部の捜査には見立てを演じてくれる「役者」が必要なのだ。二つの事件は、社長らには不正輸出の認識がないにもかかわらず、公安部の言いなりになる人物や企業を抱き込み、ストーリーに合う証言を集めたという点が共通している。ただ、Ｙ社の時は東京地検がまともに機能し、不起訴にした。Ｙ社の事件の捜査指揮を執ったのは、大川原化工機事件の時と同じ宮園警部だったが、地検側の担当検事は大川原化工機を起訴した塚部検事とは違った。検事の違いが、Y社と大川原化工機の明暗を分けたのだ。

Y社の捜査がストーリーありきだったことは、A4用紙1枚の文書にも残されている。ある捜査員が書いた備忘録だ。この捜査員は、宮園警部の指示に忠実に従い、大川原化工機の立件を目指す安積（あさか）警部補に強い不信感を持っており、会話をメモとして記録していた。2019年1月、原宿署の9階第一会議室で、安積警部補は次のように語ったとされる。

係長（筆者注：宮園警部のこと）が前の事件でもストーリーを無理やり作るってのはいろんな人から聞いてますよ。Y社の事件の時はCさんがやったんですよね。Dさんは曲がったこと嫌いだし、Eさんもそういうタイプじゃないだろうし。今の5係で係長の方針に乗るタイプの人っていないですよね。やっちゃうとしたら私なんだろうな（笑いながら）——。

備忘録には、C、D、Eに捜査員の名字が書かれている。この備忘録の内容を、かみ砕いて説明すると次のようになる。「前の事件」とはY社の事件を指す。Y社の事件でも捜査を指揮した係長の宮園警部は、Y社を立件するためのストーリーをつくり上げた。そのストーリーに忠実に従って動いたのは、捜査員Cだった。安積警部補は、現在捜査をしている大川原化工機の事件で、この役割を果たすのは、自分だろうと語っていたのだ。

外事1課は18年10月に大川原化工機の本社などに家宅捜索に入った。この会話がなされた19年1月は、社員らの聴取を本格化させていた時期だ。安積警部補は元取締役の島田順司さんの取調官だった。安積警部補の取り調べは、国家賠償請求訴訟の1審・東京地裁判決（23年12月）で、偽計、欺罔を用いたとして、違法と認定されている。実際に「やっていた」のだ。

宮園警部は部下の捜査員らにこう語っていたという。

「うちに目を付けられたら終わりだよ。こえーよ警察」

「認めなければ会社潰れるんだから、逮捕すれば認めるに決まってる」

「不正輸出するヤツは手続きが面倒なんだ。手続きに時間をかけていると、競合他社に負ける。だからあえて許可を取らないんだ。そういう供述を取ってこい」

信じられないような言葉の数々だが、捜査は宮園警部1人だけで進めることはできない。それを容認する上司の存在なしに、捜査は進むことはなかったはずだ。それがよく表れたエピソードがある。

大川原化工機の海外輸出担当の女性社員が厳しい取り調べを受け、うつ病になったことがあった。その際、女性社員の取り調べを担当していたT警部補が捜査会議で「落とせません（自白させられない、の意）でした」と報告すると、宮園警部と上司の渡辺誠管理官（警視）は「女は嘘つきだから落とせ」「女の話は聞く必要がない」と言っていたという。このやりとりを聞いていたある捜査員は、「この発言自体がアウトなので、よく覚えている」と呆れ返っていた。

捜査関係者によると、最初に乾熱殺菌の解釈を生み出したのはK警部補だった。K警部補は経産省に出向経験があり、法令解釈を熟知していた。当初、経産省との打ち合わせに部下の女性と参加していた。ただ、途中でこの部下にセクハラをして、外事1課から異動することになった。このK警部補の家には後輩記者が行った。毎日新聞の記者であることを名乗ると、「いい、いい」と言ってすぐに玄関の扉を閉めた。

セクハラをするような警部補が乾熱殺菌という独自理論をつくり、人権意識に欠けた発言をしていた渡辺管理官、宮園係長が事件のストーリーを練り上げ、忠実な部下の安積警部補が関係者から見立てに沿う証言を集める。そして、多くの捜査員が捜査方針に盲目的に追従する。これが、私が複数の捜査関係者から聞いた大川原化工機事件の捜査の実体だ。この無茶苦茶な捜査の過程で、元顧問の相嶋静夫さんが亡くなっているのだ。もはや国家権力の暴走としか言いようがない。

「ガサ」の数で評価される不正輸出事件

そもそも、なぜこのようなストーリーありきの捜査が許されるのか。

不正輸出事件について、「ガサの件数が多いほど評価される傾向にあることが、問題の根幹にある」と指摘する捜査関係者がいた。「ガサ」は家宅捜索のことで、捜査機関が住宅や会社などに立ち入り、犯罪に関する証拠を見つける手続きだ。捜査機関の独断ではできず、裁判官の許可を得て令状を受けることが法律で決まっている。

通常、刑事事件で起訴できなければ証拠が足りなかったことになり、捜査は失敗だ。ガサで評価されるということはあり得ない。殺人事件を考えてみると分かりやすい。容疑者を逮捕したものの、起訴できず、裁判にかけられなかったら、「何をやっているんだ」と警察内部だけでなく、遺族や市民など、あらゆる方面から批判を受けるだろう。

ところが、不正輸出事件では違うと捜査関係者は言う。

「被害者がいる刑事事件は、被害届一本でガサ状は取れる。しかし、不正輸出事件で裁判所からガサ状を取るためには、数多くの資料を集めなければならず、時間も労力もかかる。公安部は起訴に至らなくても、それは検察の事情と考える。ガサをしたこと自体が評価されるシステムを変えない限り、同じ事が続くだろう」

警察庁警備局は、国内外の治安情勢をまとめた「治安の回顧と展望」を２０２２年まで毎年刊行してきた。23年以降は、１年間の警備警察を巡る情勢を掲載する「焦点」と統合されている。「治安の回顧と展望」の中の「大量破壊兵器関連物資等不正輸出事件一覧表」には、１９６６年からの外為法違反事件がずらりと並ぶ。２０１９年からは検挙された会社名の記載をやめたものの、18年以前は会社名も掲載していた。18年版を見ると、36件中６件が不起訴処分になっていた。不起訴にもかかわらず、社名をさらして「実績」として掲載しているのである。これが、一般の刑事事件の場合、不起訴を掲載するわけがない。

不起訴になったY社の事件も、この一覧表に載っている。ある捜査関係者は言った。

「Y社と大川原化工機は、事件の構図が全く同じだった。Y社が不起訴となった時点でその原因を検証していれば、大川原化工機事件は起こらなかった」

利用された大学教授

2023年11月、私は大学教授ら有識者から集中的に話を聞いていた。きっかけはある捜査関係者の一言だった。

「警視庁公安部は、噴霧乾燥器の構造や輸出規制の内容を知らない有識者をあえて狙い、話を聞きに行った。有識者が言うわけがないことが聴取報告書に書かれている」

私は耳を疑った。そんなことが実際にあり得るのか。詳しく聞くと、こんな事情を教えてくれた。

外為法を所管する経産省は当初、公安部の乾熱殺菌に否定的だった。経産省の上席検査官は、噴霧乾燥器の輸出規制省令の規定が曖昧だとし、「この省令には欠陥があるとしか言いようがない」と難色を示していた。経産省を説得するためには専門家の「お墨付き」が必要だった。公安部はそのために、門外漢の有識者を利用した――。

別の捜査関係者も「有識者をだます形で報告書はつくられた」と語り、1審の証人尋問で捜査を批判した時友警部補の当時の様子について、「デスク（捜査全体の統括役）だった時友警部補は『有識者にＡＧ（オーストラリア・グループ）の英語の原文を見せてから聴取するように』と言っていたが、聴取した捜査員は見せていない」と明かした。

公安部は18年8月と19年7月に大川原化工機の2種類の噴霧乾燥器が輸出規制品に該当するか、経産省に正式に照会をかけた。経産省は「添付資料の内容を前提とすれば」と前置きした上で、「規制品に該当すると思われる」と回答していた。この前置きについて、ある捜査関係者は「経産省が前提条件を付けるのは異例だ。自分たちが責任を持てないので『警察の資料が正しければ』という逃げ道をつくった」と語った。

この「添付資料」には、有識者4人の聴取報告書が含まれていた。

捜査関係者から聞いた「有識者が言うわけがないことが書かれている」というのが本当で、この聴取報告書に嘘が書かれていた場合、経産省が該当と判断した際の根拠が崩れるのではないか。そう直感した私は、国賠訴訟の証拠にもなっていたこの報告書を関係者から入手するとともに、すぐに4人の有識者と連絡を取った。

4人のうちの1人はある医大の加納教授（仮名）だった。私は電話で簡単に取材の概要を伝えた。すると、「おそらくストーリーができていて、専門家の話をある意味都合のいいように使ったという感じですか」とこちらの趣旨をすぐに理解してくれた。

電話をした翌日に対面取材することになり、勤務先の大学に足を運び、本に囲まれた研究室で教授と向かい合った。

加納教授の専門は小児がん。外来診療もこなし、聴診器を首にかけて患者と向き合う小児科医だ。全く無関係に見える小児科医と今回の不正輸出事件。この両者の関係を説明するには、教授の半生をひもとく必要がある。

加納氏は日本の医大を卒業後、小児がんの研究をしていたが、その過程で、病気を未然に防ぐ「予防医学」の重要性に気づき、１９９９年、疫学と生物統計学を学ぶため、米ハーバード大学の公衆衛生大学院に留学した。ある日、講義で災害医療を学ぶ機会があり出席すると、そこで題材となっていたのは95年3月に日本で発生した地下鉄サリン事件だった。14人が死亡、６０００人以上が重軽傷を負った化学テロだ。〝異国〟で起きたテロ事件について、どうすれば被害を最小限に食い止められたのかを詳細に分析していた。「What（何が起こったのか？）」と「Why（なぜ起こったのか？）」の二つを徹底的に深掘りし、最善の対応策を見つけ出すハーバード大の「ケース・メソッド」を用いた手法だった。講義をした教授の考察に圧倒された。

留学を終えて日本に帰国後の２００１年９月、米国同時多発テロが起きた。すると、ハーバード大の大学院学長から1通の手紙が届いた。卒業生たちに送っているようだった。そこにはこんなメッセージが書かれていた。

「世界の国の人々にとって、より住みやすい世の中にするのが、公衆衛生を学んだ者のミッションだ。原点に戻って考えてほしい」

感銘を受け、考えた。自分にできることは何か。

核兵器（nuclear weapon）、生物兵器（biological weapon）、化学兵器（chemical weapon）は、英単語の頭文字を取ってＮＢＣ兵器と呼ばれる。日本は唯一の被爆国で、オウム真理教による生物兵器（未遂に終わったボツリヌス菌など）、化学兵器（サリンやＶＸガス）のテロも経験している。過去の事例を分析することで、将来のテロを未然に防ぐことができるのではないか。それが、日本の医師である自分のミッションではないか――。

取り組んでいる予防医学に通じるものもあった。本業の傍ら、ＮＢＣ兵器を想定したテロ対策の研究を続けた。すると、内閣官房から声がかかった。防衛省や外務省の職員らを相手にテロ対策の重要性を伝える講義もした。国際的なシンポジウムにも参加した。原動力はただ一つ。学長の手紙に書かれていた「平和で安全な世の中」の実現だった。

「バイオテロについてご教授いただきたい」

公安部の捜査員が研究室を訪ねてきたのは、そんな折のこと。17年5月、大川原化工機の捜査はまだ序盤だった。訪問してきた捜査員の数は3人程度だったと記憶している。簡単に過去の生物テロ事件を説明した。すると約7カ月後にも再び数人の捜査員が訪ねてきた。今度は、噴霧乾燥器の輸出規制に関する法解釈について意見を求められた。噴霧乾燥器は見たことすらなく、外為法の輸出規制が存在することも知らなかった。

「なぜ私にこのようなことを聞いてくるのか」

違和感を抱いたが、質問はしなかった。「不正輸出の確たる証拠があり、私の話はあくまで参考程度だろう」と思っていたからだ。

その後、2回目に訪問してきた捜査員から「おかげさまで逮捕となりました」と連絡があった。大川原化工機の社長らを逮捕したとの報告だった。しかし、2回の訪問で、教授が語ったとされる内容を2通の聴取報告書にまとめたことは知らされていなかった。

私は加納教授と一緒に、本来、教授の発言が正確に記されているはずの17年12月作成の2通の聴取報告書に目を通した。そこにはおかしな点があった。教授は捜査員に対し、01年9月と10月の米国の生物テロで使われた炭疽菌を中心に説明したにもかかわらず、炭疽菌よりも熱に弱いペスト菌の話をしたことになっていた。さらに、発言した記憶のない輸出規制の省令解釈についても意見を述べたことになっていた。

教授の聴取報告書には、省令解釈についてこう書かれている。

結論としまして、貨物等省令ハ※の解釈は、「定置した状態で、装置内部のあらゆる微生物を殺滅若しくは除去すること、又は製造した貨物等省令第2条の2第1項第二号に記載されている特定の微生物をすべて死滅させて感染能力を失わせることができるもの」という結論に至ります。

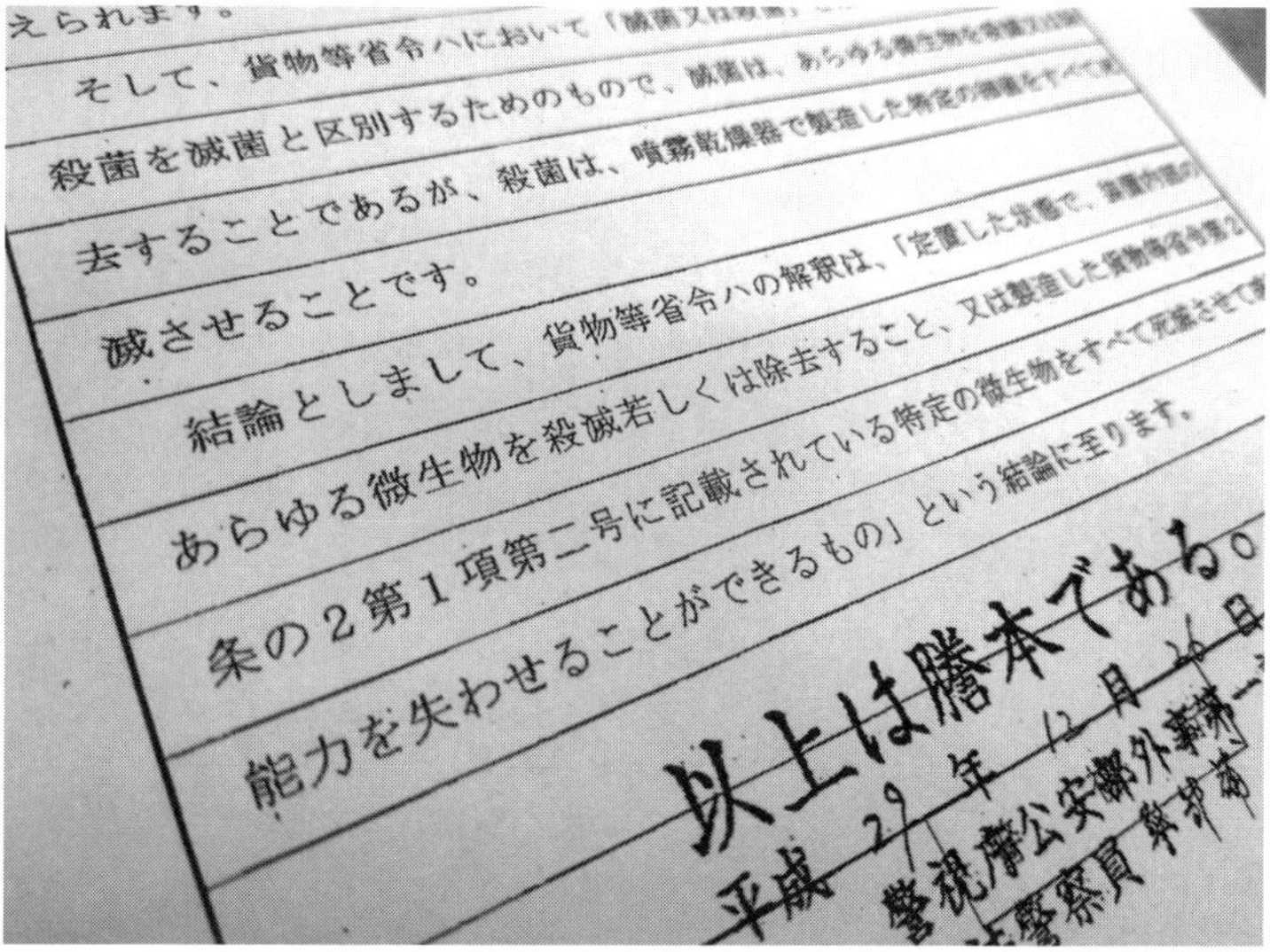
えられます。
そして、貨物等省令ハにおいて
殺菌を滅菌と区別するためのもので、滅菌は、
去することであるが、殺菌は、噴霧乾燥器で
滅させることです。
結論としまして、貨物等省令ハの解釈は、「定置した状態で、
あらゆる微生物を殺滅若しくは除去すること、又は製造した
条の2第1項第二号に記載されている特定の微生物をすべて
能力を失わせることができるもの」という結論に至ります。
以上は謄本である。
平成
警視庁公安部外事第一

警視庁公安部が作成した加納教授（仮名・小児科医）の聴取報告書

聴取報告書の該当部分を読み終えた教授は、ショックを受けた様子で言った。

「公安部が私をこんな形で利用するとは夢にも思っていなかった。捜査員が来た時に何のための聴取なのかもっと質問すればよかった」

この話を記事化するにあたって、実は、教授に実名での記事掲載を打診した。実名の方が記事の信用性が高くなるためだ。しかし、教授は首を縦に振らなかった。「人の命をがんから救う仕事をしている。『がんで人を死なせた』と言われたら立

※噴霧乾燥器の輸出規制省令の3要件の一つ「定置した状態で内部の滅菌又は殺菌をすることができるもの」

場がない」

何よりも、勾留中にがんが見つかり、満足な治療を受けられずに亡くなった、相嶋静夫さんのことが引っかかっていた。教授は相嶋さんに会ったことはない。それでも、その死に人一倍、責任を感じていた。それが匿名を望む理由だった。

公安部のしたことは、なんと罪深いことか——。

教授を初めて取材した日に手渡された、テロ対策に関する著書の後書きには、マスコミに対する思いが次のように書かれていた。

「国や企業に覆い隠された大切な問題を暴いてほしい。ある事件にフォーカスをあてたら決着がつくまで追い続けてほしい」

公安部の捜査の内幕を暴く、国賠訴訟が決着するまで見届ける。私が、今まさにやろうとしていることと同じではないか——。

その後、教授に言われた言葉が今も耳に残っている。

「人間は2種類。自分の利益を追求する人と、公共のための利益を追求する人。公共のために利益を追求する人が数人いて、力を合わせれば社会は変わる」

国賠訴訟の1審の証人尋問で、大川原化工機を立件した理由を問われた濵﨑警部補は「捜査幹部に自分はこうなりたいというのがあった。それ以外は考えられない」と言った。裁判官から「こういう大きな事件を挙げると、自分の業績につながるということですか」と問われ、「はい」と答えた。また、24年10月に行われた２審の証人尋問で、捜査を批判する３人目の現職警察官となった夫馬（ふま）警部補も、立件した理由を問われ、「決定権を持っている人の欲。そうとしか考えられない」と答えた。

捜査幹部の欲――。これが捜査に携わった２人の警部補から見た立件の理由だ。自分の利益を追求する捜査幹部は、大川原化工機を立件するために、「平和で安全な世の実現」に尽力し、公共の利益を追求する教授を利用したのだ。

私がある日、捜査員と話していると、加納教授の話が出た。教授の経歴を把握しているだろう捜査員は言った。

「公安警察が、あの先生をだましてはいけなかった」

この教授以外に、公安部に利用された有識者は３人いる。

微生物学の専門家である防衛医科大学校の四ノ宮成祥（しのみやなりよし）元学校長、大腸菌の研究を専門とする千葉大大学院医学研究院の清水健（しみずたけし）准教授、医薬品の規格基準書「日本薬局方」に詳しい武蔵野大薬学部の佐々木次雄（ささきつぐお）元客員教授だ。私は３人に23年11月に直接会い、それぞれの聴取報告書を見せ、自身の発言と内容に齟齬がないかを確認した。

四ノ宮氏の聴取報告書には「輸出規制貨物に該当すると思っています」という文言が盛り込

まれていた。これについて四ノ宮氏はこう語った。

「輸出規制に該当するかは経産省が判断することで、私が判断することではない。報告書は勝手な作文。報告書を私に見せれば訂正を求められるので、意図的に見せなかったのだろう」

四ノ宮氏は1審の段階で、「私が説明していないことが聴取報告書に書かれている」とする陳述書を提出している。24年3月に学校長を退任したが、この年の8月に東京都内であったシンポジウム「冤罪に利用された科学者の知見」の中で、捜査当時のことを公の場で初めて語った。17年5月に公安部の捜査員から初めて連絡があった時のことを、「素直に協力したい、テロ対策予防に寄与できればと思った」と語る一方、意図せずに今回の事件に関与してしまったことについては、「事件捜査の一部であることは全く知らされていなかった。何が目的なのかを警察に確認すべきだった」と反省を口にした。

防衛医科大学校は「医師である幹部自衛官」を育成するための機関である。自衛官と公安部。それぞれ立場は異なるが、目指すところは「国の平和や安全を守る」ということではないのか。公安部は、そのトップだった四ノ宮氏をも欺（あざむ）いていた。

清水准教授の聴取報告書も同様に「輸出規制貨物に該当すると判断します」という文言が盛り込まれていた。公安部は、噴霧乾燥器内部を空だきして、大腸菌が死滅する温度まで上げられれば、殺菌に当たると考えていた。公安部からの依頼を受けた清水准教授は、オーブントースターのような機械で、複数回、大腸菌の死滅温度を測る実験をしていた。

「菌はわずかな条件設定の差で死んだり、死ななかったりした。なるべく公安部が希望するような結果になるような条件設定をした」

と明かす。清水准教授は立件の鍵となる大腸菌の温度実験の協力者だ。その清水准教授ですら、「該当」「非該当」の認識は示していないとし、「こんな報告書がつくられているとは思わなかった」という。

佐々木氏も、公安部が作成した報告書は「作文だ」と批判した。「殺菌」という言葉の一般的な説明はしたものの、報告書は経産省の輸出規制に関する殺菌について語った内容になっており、「正確ではない」と話した。

私は4人の話を、23年12月8日の朝刊1面に「識者聴取と異なる報告書」、社会面には「冤罪生み出した『作文』」という見出しで記事を掲載した。小児科医の加納教授だけは匿名にした。この記事は、大川原化工機側が控訴審で証拠提出している。四ノ宮氏以外の3人も、1審判決後の24年1月に「説明していないことが書かれている」という内容の陳述書を作成し、控訴審に提出した。

大川原化工機側は、4人全員の陳述書と私が書いた記事を基に、控訴審で「聴取報告書には虚偽記載があり、経産省の該当判断には合理的な根拠が欠如している」と主張した。この記事を含め、大川原化工機側は、私の独自取材に基づく3本の記事を控訴審で証拠提出している。

自分の取材や記事が判決に影響を及ぼすかもしれない……そんな手応えを感じた。

有識者4人全員が「勝手につくられた」と言っているにもかかわらず、東京都側は控訴審で強気の反論をしている。都側の答弁書によると、報告書の記載には「自ら進んで述べた内容」「取調官からの質問に答えた内容」「取調官の説明に同意した内容」の三つが混ざっており、それらを整理して報告書に記載することは、虚偽記載ではないと主張している。そもそも、教授らは噴霧乾燥器も、輸出規制省令も詳しく知らない。都側の主張に基づけば、よく分からずに捜査員の話に軽く相槌（あいづち）を打ったら、「私は該当すると判断します」という断定調の報告書が出来上がってしまうらしい。

さらに、都側は「4人の聴取報告書がなくても、経産省の該当判断に影響はなかった」とも主張している。では、なぜ有識者らに何回も話を聞きに行き、報告書にまとめたのか。

「仕事が忙しく面倒だったが、テロに使われているかもしれないという話だったので、国のためにと思って協力した」と清水准教授が語るように、多くの有識者たちは多忙の合間を縫って捜査に協力した。公安部の主張は、その善意を蔑（ないがし）ろにするものである。このような姿勢の公安部に、今後、協力する有識者がいるだろうか。有識者の協力を得られず、本当の犯罪者が野放しになるような事案があった場合、不利益を被るのは国民なのだ。

では、問題のある有識者の聴取報告書を作成したのは誰か。4人のうち加納教授、四ノ宮氏、清水准教授の3人の聴取報告書を作成したのは安積警部補だった。ここでも「やっていた」のである。

ところで、4人の聴取報告書を読み、直接、本人から話を聞く中で、唯一、佐々木氏の聴取報告書だけは、食い違いが少なく、作文の度合いが低いと感じていた。案の定、この報告書の作成者は安積警部補ではなく、別の捜査員だった。私はこの頃、安積警部補が作成した報告書や供述調書は全て嘘なのではないかと疑うようになっていた。

実は、大川原化工機の同業他社のX社の供述調書や聴取報告書をまとめたのも安積警部補だ。前述の通り（133ページ）、ある捜査関係者は、「X社は公安部の見立てに沿うことは何でも言うようになった」と語ったが、安積警部補が聴取しているだけに「本当に言ったのか」という疑問がある。真相を確かめようとX社に取材を申し込んだが、「応じられない」と断られた。

安積警部補は、海外営業担当の取締役だった島田さんの取調官でありながら、有識者3人とX社、そして後の章で詳しく記すZ社から話を聞き、報告書を作成している。立件をする上で重要な証拠の多くに安積警部補の名前があるのだ。他の捜査員と比べると、捜査の関与の度合いが飛び抜けている。

500日ぶりの社長らの出社

東京地検が起訴取り消しを発表してから4日後の2021年8月2日、大川原正明社長と元取締役の島田順司さんが、横浜市の大川原化工機の本社を訪れた。これほど〝帰還〟が遅くなったのは、21年2月の保釈時、その条件として、社員との接触や本社を含む大川原化工機の関連施設に出入りすることを禁止されていたからだ。20年3月の逮捕以来、約５００日ぶりの出社だった。

この時の様子を撮影した動画がある。24年6月、大川原化工機のメディア対応の窓口になっている初沢悟（はつざわさとる）取締役に「遠藤さん、いい動画がありますよ」と言われ、提供を受けたものだ。この動画をアップした毎日新聞映像グループのX（旧ツイッター）の投稿閲覧数は、すぐに１０００万を超えた。多くの反響があり、取材先や同僚から「動画を見て、感動して泣いた」と声をかけられた。

この頃、世の中はまだコロナ禍のまっ最中だった。マスクを着けた社員らが出迎える中、会社の前につけた車から大川原社長と島田さんが降りて歩き出すと、社員らは何度も「お帰りなさい」「お帰りなさい」と言い、拍手で迎えた。花束を渡された大川原社長は、社員が急遽用意した小さなくす玉を割った。

私はこの動画を初めて見た時、心打たれると同時に、悲しくもなった。動画の中には、大川原化工機で働く相嶋さんの次男が映っていたからだ。本来、会社には2人だけではなく、相嶋さんを含めた3人で戻ってこられたはずだ。次男がどのような気持ちで、この歓喜の場にいたのか。その無念さを思うと涙が出た。

大川原化工機の社員たちの奮闘

この５００日ぶりの社長らの出社の裏には何があったのか。起訴取り消しのきっかけをつくったのは大川原化工機の反証実験だった。

私は「追跡　公安捜査」という全10回の連載を、毎日新聞デジタルで２０２４年６月から始めることになっていた（8月からは全22回を紙面にも掲載）。その連載を始める上でどうしても話を聞きたい社員がいた。それが、この章の冒頭に書いた「なぜ、大川原だったんでしょうか」と私に尋ねたベテラン技術者の武村さんだ。武村さんは、社長ら３人の無実を証明するために、自社の噴霧乾燥器の実験を72回繰り返した人物だ。かかった費用は２０００万円を超える。実験は長い時で１日13時間にも及んだ。その間、片時も装置の前を離れず、実験を続けたのが武村さんだ。

武村さんと初めて会ったのは24年1月だが、その日以来、私が電話やメールで、噴霧乾燥器の構造について細かい話を問い合わせても、嫌なそぶりを見せずに対応してくれた。記事が出る度に「こちら側では知り得ない事実を公にして頂き、感謝します」と丁寧なメールが送られてきた。

私は武村さんが反証実験をしたことは知っており、連載に実験のことをどうしても盛り込みたいと考えた。５月下旬に武村さんに取材を申し込むと、いつものように快諾してくれた。聞けば、これまで実験に関する取材は全て断ってきたという。苦しんできたのは社長ら3人で、自分は社員として当然のことをしたにすぎない。特別なことはしていないと考えていたからだという。武村さんの証言を基に、東京地検に起訴を取り消させた実験を振り返りたい。

20年3月、武村さんと他の幹部社員の計6人は、東京都千代田区にある顧問弁護士の和田倉門法律事務所にいた。その数日前、社長らが公安部に外為法違反の疑いで逮捕されていた。今後の対応を協議する必要があった。

1人の弁護士が言った。「実験ができるなら状況は変わる」。逮捕前の公安部の任意の聴取に対し、複数の社員が「装置内部には温度が上がらない場所がある」と話していた。1カ所でも温度が一定以上に上がらなければ、公安部が考えた乾熱殺菌ができないことになる。ただ、実際に温度を測ったことは、一度もなかった。弁護士の提案に、武村さんは二つ返事で「分かりました。やります」と答えた。

その時、事務所代表の高田剛弁護士が横から口を挟んだ。

「温度を上げたままにしたらどうなるの？」

「装置が壊れたり、燃えたりするかもしれません」と答える武村さん。高田弁護士は、

「本当に壊れるの？　燃えたことあるの？」と質問を重ねた。

「さすがに壊れるまではやったことありません。燃えたこともありません」

すると、高田弁護士は思いもよらない言葉を放った。

「そんなんだったら有罪だね」

弁護士事務所に緊張が走った。

起訴された場合、刑事裁判では装置内部の温度が、最も重要な争点になることが予想された。無罪判決を勝ち取るためには「温度が上がらず、殺菌できないこと」を、推測ではなく客観的な証拠とともに証明する必要があった。公安部は長期間の捜査で証拠を積み上げ、逮捕にこぎつけている。「かもしれない」という曖昧な返答をした武村さんに対し、高田弁護士は覚悟を問うていた。

武村さんにとって、逮捕された３人の中でも元取締役の島田順司さんは恩人だった。10歳以上、年が離れているが、海外に販路開拓に行く際にはいつも連れて行ってくれた。国内から国外へと、仕事の視野を広げてくれた。島田さんが逮捕前にひどく落ち込んでいる姿を間近で見ていた。意を決し、弁護士に宣言した。

「壊れてもいい覚悟でやります」

静岡県富士宮市。富士山が裾野まで一望できるこの地に大川原化工機の研究所がある。社長らの逮捕から約２週間後、武村さんは１人で車を走らせた。まだ、起訴もされていない段階だったが、行動に移していた。捜査機関側に実験を知られないよう、研究所では同僚にすら、実験の目的を伝えなかった。

噴霧乾燥器に計器などを差し込む「測定口」（写真で「B」と表示されている部分）。粉体がたまり、温度が上がらなかった＝大川原化工機・武村さん（仮名）提供

これまで、液体を噴霧せずに内部を加熱する「空だき」をしたことは一度もなかった。実験では発火に備え、水を入れたバケツ2個と消火器2本を手元に置いた。公安部が使った計測機器も用意し、手探りでの実験が始まった。

噴霧乾燥器に付属するヒーターは温度が250度までしか上がらない設定になっているが、リミッターを切り300度の熱風を送った。すると想定した通り、計器などを差し込む「測定口」（上の写真で「B」と表示されている部分）と呼ばれる部分の温度が上がらないことが分かった。

東京地検は社長らを起訴した後、裁判所での公判前整理手続きで、「大腸菌は90度2時間の乾熱処理で死滅する。大川原化工機の噴霧乾燥器は空だきをすると110度を3時間以上維持できる」と主張内容を明らかにした。大川原化工機側は武村さんの実験結果を基に測定口の温度が90度に達しないと反論した。すると、地検は「大腸菌は50度を9時間保てば死滅する」と主張を変遷させた。

武村さんは再び本社と研究所を行き来し、実験を繰り返した。

地検の言う通り大腸菌を入れて熱風を送っても、くぼんだ形の測定口に粉末化した大腸菌が積み重なるようにたまってしまうため、温度が50度に達しないことを証明した。地検は最終的に「市販のコードヒーターを測定口の外に巻き付ければ温度は上がる」と主張した。コードヒーターを外から巻き付けて温度を上げるという方法は、もはや乾熱殺菌ではない。地検の主張は明らかに苦しくなっていた。武村さんは途中で他の社員の協力も仰ぎながら、実験結果を計9通の報告書にまとめ、裁判所に提出した。

国賠訴訟の1審判決は、「公安部が測定口の温度を測る再実験をしていれば、殺菌する温度に至らないことは容易に明らかにできた」と認定した。この認定を覆すため、都側は控訴審で「噴霧乾燥器の構造に詳しいはずの大川原化工機ですら、測定口の温度が十分に上がらないことの証明に成功するまでに70回以上の反証実験が必要だった。測定口の温度を所有していない外事1課において、同様の実験を行うことは不可能だった」と主張している。要するに、温度が上がらないことは容易には分からないという趣旨の主張だが、実験が72回に及んだ理由とはいったいどのようなものだったのか。

まず、裁判所に提出した報告書は、実験の一部始終を撮影したビデオカメラ映像と、弁護士の立ち会いがセットになっている。実験の客観性を担保するためだ。東京から静岡までわざわ

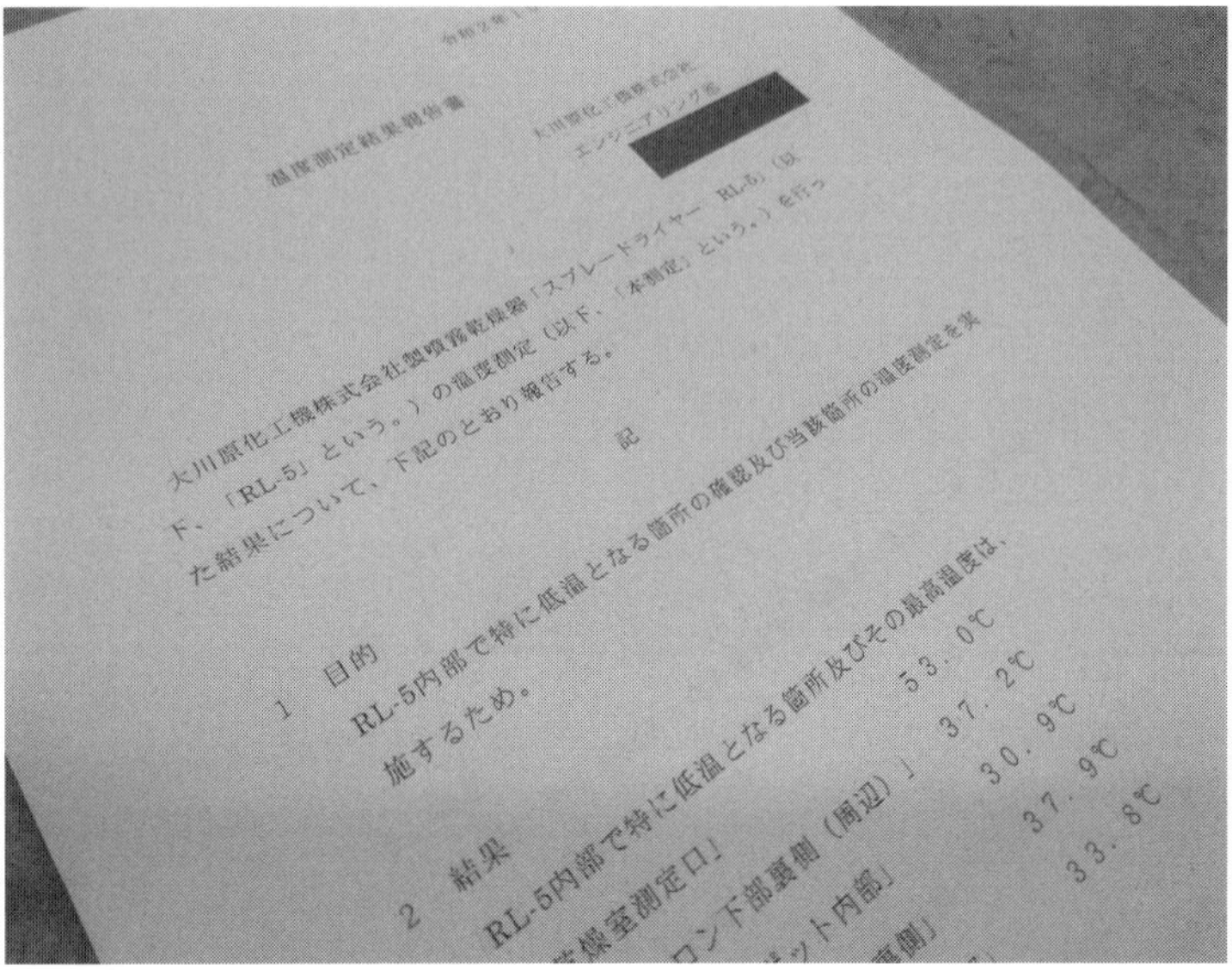
温度測定結果報告書

大川原化工機株式会社
エンジニアリング部
[redacted]

大川原化工機株式会社製噴霧乾燥器「スプレードライヤー RL-5」（以下、「RL-5」という。）の温度測定（以下、「本測定」という。）を行った結果について、下記のとおり報告する。

記

1　目的
RL-5内部で特に低温となる箇所の確認及び当該箇所の温度測定を実施するため。

2　結果
RL-5内部で特に低温となる箇所及びその最高温度は、
「乾燥室測定口」　53．0℃
ロン下部裏側（周辺）」　37．2℃
ット内部」　30．9℃
37．9℃
33．8℃

大川原化工機のベテラン技術者の武村さん（仮名）がまとめた温度実験の報告書。
裁判所に計9通が提出された

ざ弁護士に来てもらうため、失敗は許されない。武村さんは念には念を入れて、複数回予備の実験をしていたのだ。また、地検が主張を変遷させる度に、新たな実験を迫られた。

そして、今回、不正輸出を疑われた噴霧乾燥器は2種類あり、両方の装置での実験が必要だった。測定口の温度が上がらないことは、実験を始めた翌月にはデータとして記録されていた。都側の主張は明らかに失当だろう。

　私は都側の控訴理由書を読んで、苦々しい気持ちになった。第5章で詳しく記すが、公安部は噴霧乾燥器を使った温度実験で、自ら設定した温度まで上がらずに失敗を繰り返していた。借りていた装置を壊したこともあったのだ。

初公判4日前の21年7月30日、高田弁護士から大川原化工機に一本の電話が入った。地検が起訴を取り消したとの連絡だった。私は武村さんにこの時の心境を尋ねた。

「忘れちゃいましたね。でも、今思い出しても、うるっときちゃうので、うるっとしたと思います。長かったですからね」

武村さんは、照れくさそうに笑った。

社長らが逮捕されても、大川原化工機の90人ほどいる社員たちからは、誰一人として退職者は出なかった。幹部ミーティングは月に1回程度だったが、社長らの逮捕後は毎朝ミーティングを開き、状況把握と問題点を共有した。部下たちは取引先に足を運び、事情を説明した。長年、真面目に仕事をしてきた実績を買われ、大手の取引先は離れなかった。噴霧乾燥器の部品を売らなくなった業者も一部いたが、経営には大きく影響しなかった。

捜査関係者によると、当初、東京地検から「大川原化工機を立件したら他の噴霧乾燥器メーカーも立件してほしい。同じような機械を輸出しているのに、大川原化工機1社だけだと『なんでうちだけ』と不公平になる」と言われていたという。しかし、別のメーカーを立件することはなかった。この捜査関係者は「誰も捜査したくないので、みんな断っていた。そのうち、あやふやになって立件の話は消えた」と語った。

大川原化工機の事件を捜査した公安部外事1課5係のメンバーは約20人。別の捜査関係者は「捜査に積極的だったのは3分の1のメンバー。残りの3分の2のうち、半分はただ従い、残りの半分は消極的だった」と明かす。

トップ不在の中、社員らが団結して奮闘した中小企業。現場レベルでは捜査の正当性を誰も見いだせずに立件を進めた公安部。本来の力関係は、誰がみても雲泥の差があるが、大川原化工機の社員一人ひとりの尽力で打ち勝てたのだろう。

一つの中小企業がなぜ、警視庁と東京地検という強大な権力と闘えたのか。

私は大川原化工機の社員の取材を通じて、その理由が分かった気がした。

第5章
次々浮上する捜査の問題点

消された三つめの測定データ

２０２３年12月27日。大川原化工機事件に関する国家賠償請求訴訟の1審・東京地裁判決は、警視庁公安部と東京地検の捜査を違法と認め、計約1億６２００万円の賠償を命じた。

判決は、大川原化工機の複数の従業員から、噴霧乾燥器の「測定口」と呼ばれる箇所の温度が上がらないと指摘を受けていたのに、温度を測らなかったと認定し、「通常要求される捜査を遂行しなかった」と結論付けた。

ところが、公安部による実験は、「通常要求される捜査を遂行しなかった」どころではなく、さらに悪質な隠蔽がなされていた。

国賠訴訟の1審判決の数日後。年末の都内某所で、私はある捜査関係者と会っていた。この人は、測定口の温度を測らなかったこと以外にも、公安部の温度実験には重大な問題があったことを示す証拠を持っていた。先日の判決について軽く感想を話し合った後、さっそく本題に入った。

「噴霧乾燥器の温度実験は2カ所ではなく、3カ所測っていた。1カ所は公安部が設定した殺菌可能な温度まで上がらなかったため、都合の悪いデータをもみ消した。これは完全に隠蔽です」

そう言って、3本の線が記された折れ線グラフと、19年5月に実施した温度実験の詳細が書かれた捜査メモを私に見せてくれた。

折れ線グラフは、横軸に時間、縦軸に温度が記され、時間の経過とともに装置内部の温度変化が分かるようになっている。

公安部が保管する捜査資料の中には、装置内部の2カ所の温度推移を記した2本線のグラフと、3カ所の温度推移を記した3本線のグラフの二つが存在しており、立件する上で支障となる3本線グラフはなかったことにしたというのだ。

実は、消された3カ所目の測定データがある事実は、知られていないわけではなかった。というのも、23年6月にあった国賠訴訟の1審の証人尋問の中で、「捏造」発言をした濵﨑警部補がすでに証言していたからだ。とはいえ、3カ所測ったとするデータが、このようなグラフの形で残されているとは思ってもみなかった。

3本線グラフは、回収容器の温度が上がらなかったことを示す客観的なデータだ。1審の違法判決の決め手は「測定口の温度を測らなかった」という温度実験の不備だが、温度を測った上で意図的に都合の悪いデータを隠していたならば、捜査の悪質性は数段跳ね上がる。

なるほど……。この人が、以前、濵﨑警部補の証言について「正しい」と話していたのには、こういう事情があったのか。合点がいった。東京都側は国賠訴訟の中で、濵﨑警部補の証言には信用性はないと主張し続けている。濵﨑警部補への援護射撃の意味も込めて、今回こうして

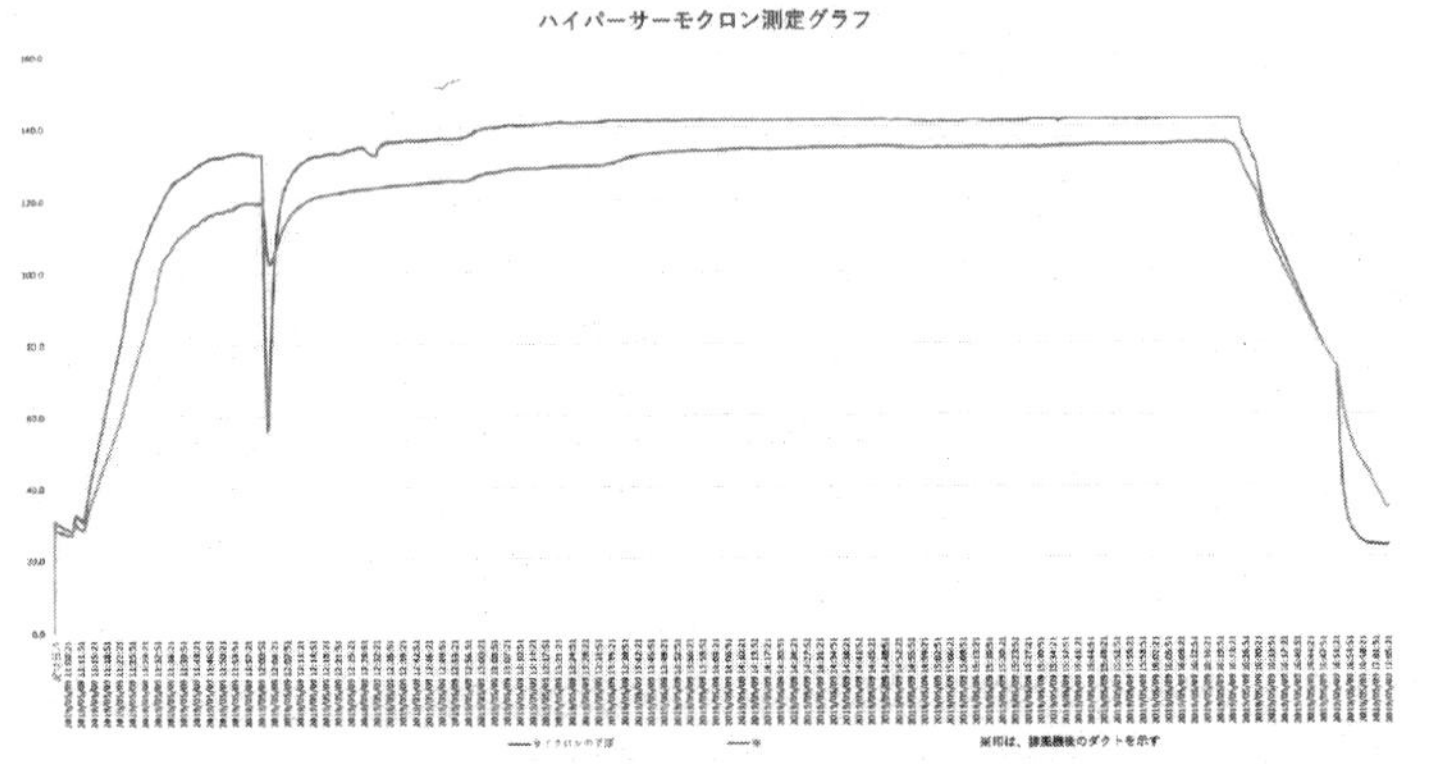

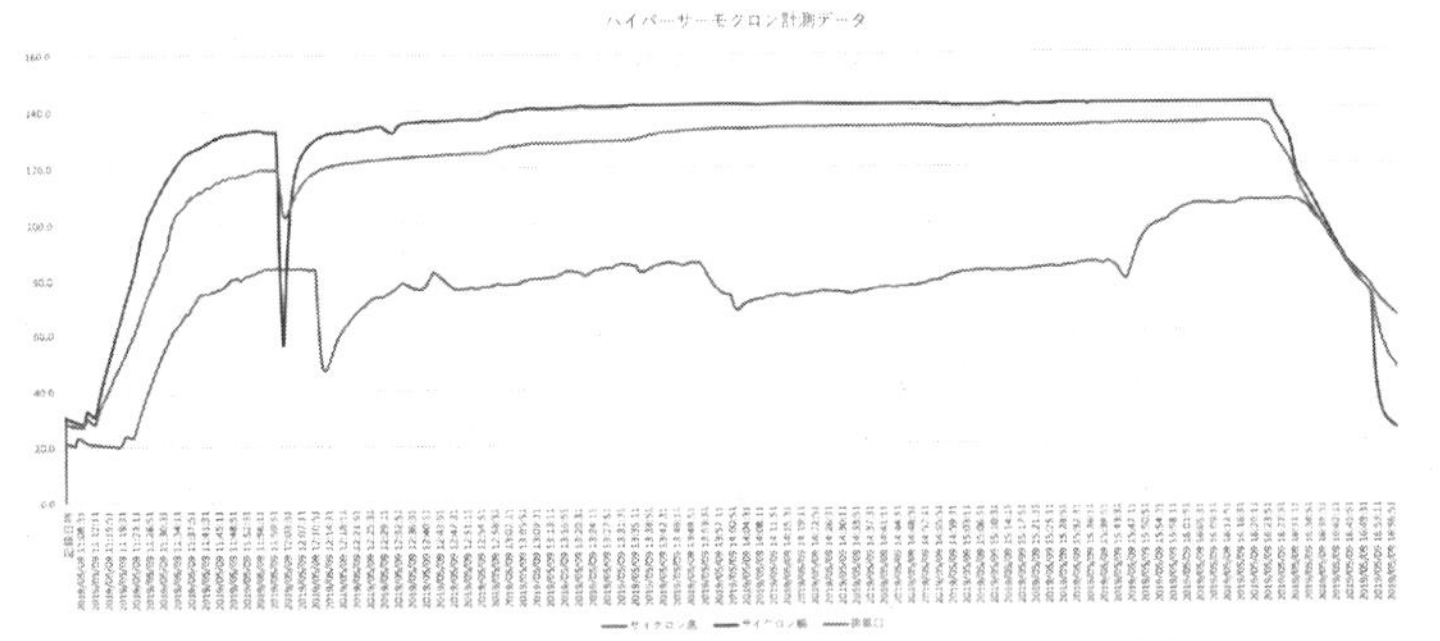

警視庁公安部が経済産業省に提出した温度実験データのグラフ（上）と、入手した実際の実験データのグラフ（下）。経産省提出分は測定温度が低かった折れ線１本が除外されていた。（経産省への提出に当たって調整されたため、測定箇所の名称や計測時間のメモリが二つのグラフ間で異なる）

3本線グラフを私に託してくれたのだ。

これはいける。手応えをつかんだ私は、必ず記事にすることを目の前の捜査関係者に約束した。

公安部が不正輸出容疑で立件した大川原化工機の噴霧乾燥器は、セラミックスや医薬品などの微粒子を製造するための「RL－5」と、研究開発用の「L－8i」の2種類ある。データ隠蔽の疑いがあるのは「L－8i」の温度実験だった。液体を霧状に噴霧する部分の形状は、「回転円盤型」と「ノズル型」の2種類あるが、「L－8i」は大川原化工機の回転円盤型の噴霧方式の中で最も小さく、製造できる粉の量は少ない。

公安部は19年5月9日、大川原化工機の噴霧乾燥器「L－8i」を所持していた関東地方のサプリメント製造会社で、装置を借りる形で実験をした。その際、

①付属のヒーターで温められた熱風が排出される装置末端の「排風口」
②遠心力と重力で蒸気と粉体を分離させる「サイクロン」
③粉体となった製品がたまる「製品回収容器」

の3カ所の温度を測った。（次ページの図を参照）

警視庁公安部の噴霧乾燥器「L-8i」の実験概要
※訴訟資料や警察の内部記録に基づく

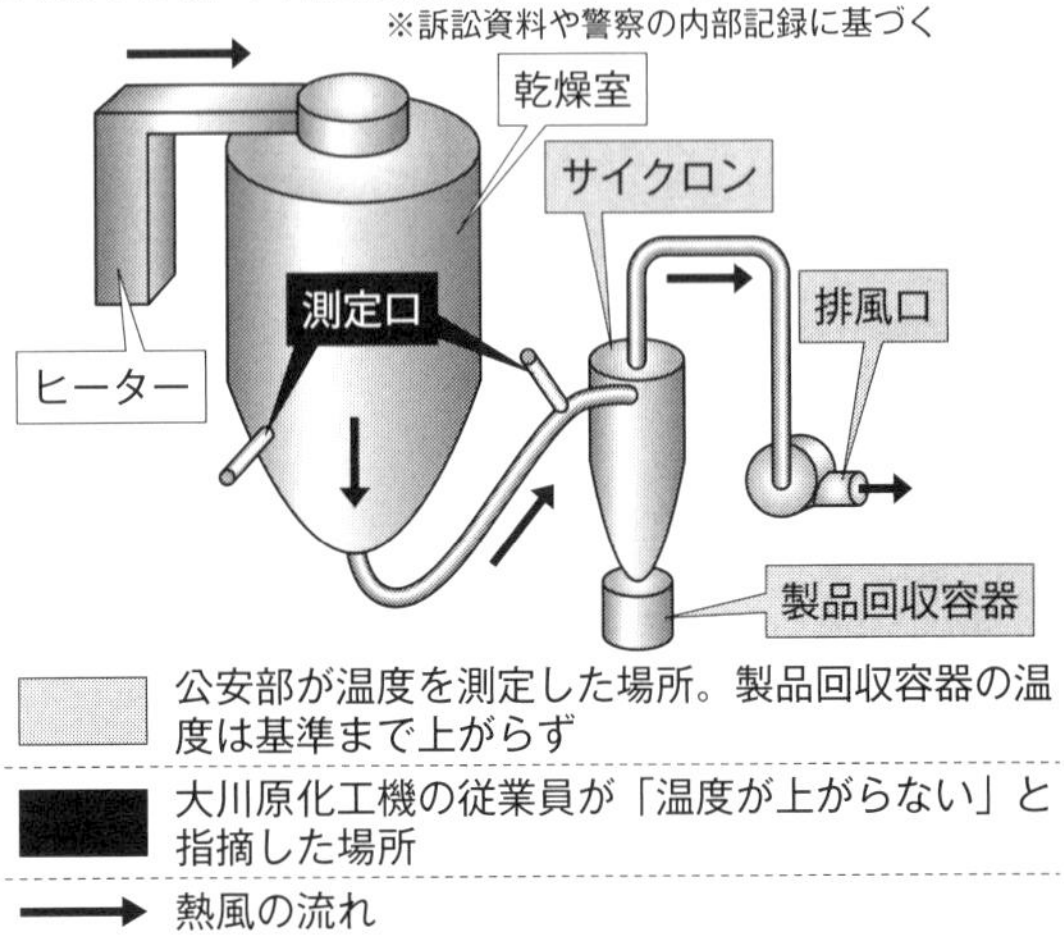

この時点で、公安部は空だきによって、「装置内部で110度を2時間以上維持できれば、殺菌できる」という独自の基準を設け、実験に臨んだ。この基準は、千葉大の清水健准教授と別の大学教授の大腸菌の死滅実験を基に設定したものだ。230～250度の熱風を装置内部に約5時間送り込んだ。すると、排風口とサイクロンの2カ所は基準をクリアした。しかし、回収容器は80度前後で推移し、基準を満たさなかった。想定通りにいかなかった実験結果を受けて、公安部はどうしたのか。その対応が、捜査メモに次のように記されていた。

まず、「回収容器は殺菌可能な温度と時間を達成することはできなかったが、必ずしも殺菌が必要な場所と捉える必要はないと思われる」とある。その理由として、回収容器の上部にダンパーと呼ばれる開閉弁をオプションで取り付けられることを挙げていた。ダンパーを取り付ければ、回収容器と装置本体が仕切られるため、回収容器は装置内部ではない、つまり、殺菌が必要な場所ではないという論法だ。さらに、「測定箇所を2カ所のみとした結果を経産省に持ち込み、該非の照会をする」と今後の捜査方針が示されていた。

実験から約2カ月後の7月26日、公安部は噴霧乾燥器が輸出規制品に当たるか経産省に照会をかけている。その際に提出された「温度測定結果報告書」は、この捜査メモに書かれていた捜査方針に基づく内容で作成されている。つまり、実際には3カ所測ったにもかかわらず、回収容器を測ったことには一切触れていない。排風口とサイクロンの2カ所の温度を測定したとし、2カ所にボタン型温度計を取り付けた写真と2本線グラフを添付していた。

この報告書は実験から6日後の5月15日に実験に立ち会った福田巡査部長が作成した。この後、この日付が重要になるから、頭の隅に留め置いてほしい。

「ダンパー理論」を検証する

公安部は、装置内部の最低温度箇所を2カ所と特定したことについて、大川原化工機の同業者「Z社」が指摘したから、という形を取っている。経産省に提出されたZ社の聴取報告書にはこう書かれている。

大川原化工機の製品カタログを確認すると、この噴霧乾燥器はダンパーが標準装備されている。ダンパーを設置することで装置本体と回収容器との接合部分に蓋をすることができる。構造上、装置内部でもっとも温度が低くなる箇所は、排風口またはサイクロンである――。

聴取報告書には捜査メモと同じように、「ダンパー理論」により回収容器は内部ではない、とする内容が記されていた。しかし、この報告書が作成されたのは、実験から約2カ月もたった7月5日だ。

ここで疑問が生じるはずだ。実験前に最低温度箇所を特定しなければ、実験でどこを測ればいいのか分からない。どう考えても順番が逆だろう。そして、この報告書を作成したのは、第4章でも登場した、有識者らの聴取報告書を問題ある形で作成した安積警部補だった。これは、公安部の見解に沿った内容を、後付けでZ社に言わせ、報告書にしたのではないのか。誰しも疑うべきところだろう。

この時系列の矛盾や回収容器を測定したことは、当然、国賠訴訟の中でも話に出ていた。捜査を指揮した宮園勇人警部は、2023年6月の1審の証人尋問で、実験の前にZ社には何度も聴取に行っていたとし、「(7月5日は)最終的な確認で行ったと記憶している」と述べた。つまり、実験前から話を聞いていたが、報告書としてまとめたのが2カ月後だったという説明だ。しかし、公安部が回収容器を外部にすると決めたのは、5月9日の実験後のはずだ。実験前にZ社が、「ダンパーが設置できるから最低温度箇所は2カ所だ」などと言うわけがない。

温度実験報告書をつくった福田巡査部長の証人尋問も1審で行われた。回収容器について、宮園警部と福田巡査部長は「ダンパーを付けられるので装置の内部ではない。回収容器の温度は参考で測った」と証言した。しかし、大川原化工機側の弁護士や裁判官から詳細を詰められると2人は明らかに答えに窮していた。

宮園警部は、回収容器を参考で測った理由を「温度の上がり具合をみるため」と述べたため、裁判官が「上がり具合をみてどうするつもりだったのか？」と質問した。すると宮園警部はこう答えた。

「参考ですので、どうするつもりというよりはあくまで参考という形で、実際、私が指示したのか管理官が指示したのか分かりませんけど、参考というしか私、ちょっと記憶にございません」

「参考」という言葉を3回も繰り返した上、明らかに、全体の内容も裁判官の質問の「答え」になっていなかった。

証人尋問をする際は、事前に「証人テスト」と呼ばれる打ち合わせを入念に行う。相手側の「反対尋問」で想定される質問と、その答えも練っておくのが通常の手はずだ。にもかかわらず、「参考」を連呼する、この答えのお粗末ぶりはいったいどういうことか。大川原化工機代理人の高田剛弁護士は、こう分析する。

この日、証言台に立った警察官は4人。朝一番の証人尋問で、突然、濵﨑警部補が「3カ所測ったが回収容器の温度が上がらなかったので報告書に記載しなかった」という話をしだした。残る証人のうち宮園警部と福田巡査部長の尋問は午後からだった。昼休みの間に東京都側の代理人と協議し、「参考」で測ったことにしようと口裏を合わせたのではないか——。

高田弁護士の分析と私も同意見だ。ダンパーに関する答えも非常に曖昧だった。宮園警部は実験に使った噴霧乾燥器にダンパーが付いていたかと問われると、「はっきり申し上げられない」とし、ダンパーの付け方も「認識していない」と答えた。回収容器だけでなく、ダンパーについても質問がなされるとは事前に想定していなかったのだろう。

福田巡査部長も「回収容器は参考で測った」と何度も繰り返した。しかし、参考で測った理由や誰の指示で測ったのかを聞かれると、明確に答えられなかった。この点は、裁判官も疑問に思ったようで、質問を重ねていた。裁判官と福田巡査部長の間で、次のようなやりとりがあった。

裁判官　「幹部の方から参考にということでしたが、参考というのは具体的にはどういう意味で、何の参考にするためだったんですか？」

福田巡査部長　「参考の理由は聞いていないので分かりません」

裁判官　「参考と言われた時に、それがどういう意図か分からなければ、適切な実験を行うことはできないんじゃないですか？」
福田巡査部長　「測るべきところは二つ。排風口とサイクロン」
裁判官　「だから、その参考ということの意味を聞いているんですけども。参考というふうに言われて、どういう意味で測らなければいけないんですかということを、あなたは聞かなかったのですか？」
福田巡査部長　「具体的に聞いた記憶はありません」

この尋問内容を知ったある捜査関係者は、「回収容器を参考で測ったのに、測った理由は分からないという。明らかに不自然だ。捜査当時、『回収容器を参考で測る』などという話は、一切なかった。偽証するよう言われたのだろう」と語った。

立件に不利なデータを隠蔽したという記事を出すには、こちらも理論武装する必要がある。そもそもダンパーの付け方すら分からない捜査指揮官が、「ダンパーが付くから回収容器は装置外部だ」と言ったところで何の説得力もないが、公安部の「ダンパー理論」を崩さなければならない。そこで、私は、手がかりを求めて公安部の実験に協力したサプリメント製造会社、大川原化工機のベテラン技術者の武村さん（仮名）、そして、サプリ製造会社以外で公安部の実験に協力した企業や大学から話を聞くことにした。

24年、年が開けると、私はすぐに動き出した。新年早々、実験に立ち会ったサプリ製造会社に連絡を取ると、代表が快く取材に応じてくれた。この会社では製品開発のため、大川原化工機の噴霧乾燥器を10年ほど前から月に2〜3回のペースで使用している。代表は「タッチパネル形式で簡単に操作ができ、使いやすいすばらしい機械だ」と絶賛していた。代表は公安部の捜査を次のように振り返る。

「警視庁の公安です。そちらに大川原化工機の噴霧乾燥器はありますか」

会社に電話で協力依頼があったのは19年4月下旬のことだった。約2週間後、捜査員が5人訪れ、噴霧乾燥器を貸し出す形でその場で実験が行われた。ボタン型の温度計を3カ所に取り付け、実験が始まった。約1時間後、代表は回収容器と測定口を指し、「この辺りは温度が上がりませんよ」と伝えた。装置内部の温度が上がると、素手で触れることができない箇所も出てくるが、回収容器と測定口は直接触れる程度にしか温度は上がらない。自ら触った後で、捜査員にも触るよう促した。複数の捜査員が実際に触って温度が上がらないことを確認した。ところが、回収容器と測定口に触れた捜査員らは特に驚いたそぶりを見せなかったという。代表は「この2カ所の温度が上がらないことを薄々気づいていたんじゃないか」といぶかった。そして、実験をこう振り返った。

「回収容器と測定口の温度が上がらないことは、噴霧乾燥器のユーザーならば誰でも知っている常識だ。噴霧乾燥器を空だきすること自体が通常の操作方法から逸脱しており、無理な設定で実験をしていると思った」

この会社にある噴霧乾燥器にはダンパーは付いていないが、公安部の「ダンパー理論」が正しいのかも尋ねた。代表は、大量の粉末製品をつくる商用装置は、回収容器を取り外す際にダンパーを閉めて粉末の飛散を防止する必要があると説明した。製品ロスを避けるためだ。一方、実験で使われた噴霧乾燥器は研究用のため少量の粉末しかつくれない。そもそも装置にダンパーを付ける必要はないとし、「回収容器が装置外部というのはこじつけだろう」と語った。

実際に、噴霧乾燥器「L－8i」にダンパーは付くのか。大川原化工機によると、02年の発売以降、国内外に約130台を納入。ダンパーを取り付けたのは18年にスペインに輸出した1台のみだった。溶接作業が必要で、この1台は特注品の位置付けだという。また、納入後にダンパーを後付けした実績は1台もない。「L－8i」の製品カタログには、「多彩なオプション」として、10個のオプション内容が記載されているが、そこに「ダンパー」の文字はない。つまり、ダンパーは、オプションで選べるようにはなっておらず、そもそも公安部の「ダンパーをオプションで付けられる」という見解は間違っていたのだ。

大川原化工機のベテラン技術者の武村さんが「我々は物づくりの中小企業。お客さんの要望があれば、可能な限りは何でも対応する。ほとんどできないことはないと思う」と言う通り、ダンパーも後から付けようと思えば付く。しかし、それはオプションではなく、溶接作業が必要な改造なのだ。

公安部は実験で使った「L－8i」と同型機を18年2月に韓国に不正輸出したとして、20年5月に社長らを再逮捕した。しかし、韓国に輸出した装置にもダンパーは付いていない。ある捜査関係者は言った。

「本来ならば韓国に輸出した装置で実験をしなければならないが、それができないので日本にある同型機で実験をしている。輸出した装置にダンパーが付いていないのに、後からダンパーを付けられると言い出すのはあり得ない」

つまり、公安部でもっともらしく語られてきたダンパー理論――開閉弁で仕切れば回収容器は装置外部である――は、はなから詭弁(きべん)であったということだ。別の捜査関係者の言葉からもそれがうかがえる。

「ダンパーが付けられるから回収容器は対象外というのは、温度が出なかったので後から決めたことだ。実験時に参考で測ったわけではない。宮園警部と福田巡査部長は裁判で明らかに嘘をついている」

回収容器を内部と捉えて実験していたと言える根拠は他にもある。

公安部は噴霧乾燥器「L－8i」の実験を19年4月に大阪に本社がある化学メーカーの工場、

5月下旬には中部地方の大学でも実施している。サプリ製造会社の前後の実験でも、回収容器の温度を測っていたのだ。化学メーカーの担当者は「公安部の捜査員が4月11、12日の2日間、訪れた。機械を壊されると困るので操作を手伝った。実験をしていた捜査員は『温度が上がらない』と言っていた」と明かした。実は1回目の実験で、すでに回収容器の温度が基準まで上がっていなかったのだ。サプリ製造会社で、捜査員が回収容器を直接触っても特に驚かなかったのは、すでに前の実験で温度が上がらないことを把握していたからだろう。そして、サプリ製造会社の実験でも案の定、回収容器の温度は基準まで上がらなかった。

2回目の実験が終わった時点で、公安部は回収容器は内部ではないと決めたはずだが、懲りずに約2週間後の大学の実験でも回収容器の温度を測っている。ただ、3回目の実験は失敗に終わった。この実験に立ち会った大学職員によると、実験開始から約1時間ほど経った際、「バタン」と大きな音が突然、鳴ったため、すぐに実験を中止したという。原因を調べてみると、装置の温度が上がりすぎ、ヒューズが飛んで防火扉が閉まっていた。

宮園警部と福田巡査部長が言うように回収容器を「参考」で測るならば1回で十分だろう。3回も測る必要はないはずだ。

地検と経産省は「ダンパー理論」をどう見ていたか

東京地検の検事や経産省の職員も回収容器を外部とすることに疑念を持っていたことがうか

がえる資料がある。２０２１年4月16日、公安部が経産省と打ち合わせをした際のメモだ。捜査関係者から入手したこのメモによれば、経産省からは安全保障貿易管理課の上席検査官ら2人が出席していた。経産省側の発言として、

「装置内部はどこに当たるのかについて、前の加藤検事から『回収容器を装置内部ではなく外部であると定義付けしてくれないと公判が持たない』との説明を受けているので、検察側に協力し、外部とすることには了解している」

と記されている。このメモには、経産省側の「経産省がＲＬ－5、Ｌ－8ｉの該非の照会を受けたのは自分が着任する前のこと。当時の担当者との間で『外部とする』という話し合いが持たれ、それで決まったということなのであれば、外部とすることで了承するしかない」という発言も記されている。

この発言があったのは、刑事事件の初公判の約3カ月半前だ。起訴取り消しにより、公判は開かれることはなかったが、公判の直前期になっても、まだ回収容器が内部か外部かで、右往左往していたのだ。東京地検と経産省が公安部の「ダンパー理論」に疑問を持っていなかったら、このような発言は出てこないだろう。そもそも、輸出規制省令を管轄しているのは経産省だ。検察から「公判が持たないから」と頼まれて、「外部と了承する」ことなどはあってはならないはずだ。

ここまで取材を尽くし、24年2月14日の朝刊1面トップで「公安、不利なデータ除外か」という記事を掲載した。3面には公安部の「ダンパー理論」を検証した。私は「隠蔽」という言葉を使いたかったが、社内での検討の結果、「隠蔽」という言葉は強すぎるとなり、「除外」と弱めた経緯がある。23年12月の「識者聴取と異なる報告書」の記事と同じように、この記事も国賠訴訟の控訴審で証拠として提出されている。

この、「データ除外」の記事掲載後、警視庁は記者クラブに所属する各社に「毎日新聞の記事はニアリー誤報だ（誤報に近い）」と吹聴していると聞いた。いったいどの部分が誤報なのか国賠訴訟の担当者と直接やりとりしてはっきりさせたいところだが、警視庁も警察庁も記者クラブに所属していない記者とは書面でしかやりとりしない。そして、私がいくら書面で質問をしようが、「係争中でお答えできない」としか返ってこないのが現状だ。

経産省は省令の解釈などを「Q＆A」形式で説明するホームページ内で、「（噴霧乾燥器の）製品回収容器は『内部』に含まれません」と記載している。国賠訴訟の控訴審で、東京都はこのホームページの写しを証拠として提出し、「経産省のホームページでも製品回収容器は内部ではないと明確に示されている」と主張している。しかし、この「Q＆A」が掲載されたのは、22年12月、つまり、起訴が取り消され、大川原化工機側が国賠訴訟を起こしてから1年以上経ってからだ。どう考えても訴訟対策のための後付けだろう。

公安部の「ダンパー理論」同様、経産省も〝後付け〟したということか。国賠訴訟の控訴審判決で、公安部の独自の殺菌解釈の違法性や、実験データの隠蔽が認定された場合、捜査当局に加担し続けた経産省も責任を取るべきだろう。

聴取前日に出来上がっていた報告書

東京都内のあるオフィスビル。時計の針は間もなく正午を指そうとしている。冬も終わりを迎えていた2024年2月中旬、膝丈のコートを着込んだ私はビルの入り口が見える歩道に立ち、1人の男性が出てくるのを待っていた。しばらくすると、仕立てのよいジャケットを着た高齢男性が、入り口のガラス扉を押し開け外に出てきた。

とっさに、スマートフォンに保存してある男性の顔写真と見比べる。インターネット上で見つけてきたものだ。10年ぐらい前に撮影したとみられるものの、同一人物で間違いない。鞄などは何も持っていないので、これから昼飯でも食べに行くのだろう。食事の邪魔をするのは申し訳ない。近くのとんかつ屋がある建物に入るのを見届けた。そうして、30分ほどして、戻って来た時に、ビルの前で声をかけた。

「Fさんでいらっしゃいますでしょうか?」

「はい」と答える男性。当たりだ。この男性は大川原化工機の同業者「Z社」の社長だった。公安部に大川原化工機の噴霧乾燥器の最低温度箇所を話したとされるのがZ社だ。その経緯を尋ねるのが目的だった。ところが、私が毎日新聞の記者であることを名乗ると、社長は「ごめんなさい、ごめんなさい」と連発し、ガラス扉を開けてビルに入ろうとする。「社長、待ってください」と追いすがったが、社長はそのままエレベーターに乗り消えてしまった。

――退社時に改めて話を聞くしかない。諦めて待つことにした。私は、歩道のガードレールに寄りかかりながら、頭の中で3カ月ほど前に、ある捜査関係者から聞いた驚くべき話を反芻(はんすう)していた。

「Z社の聴取報告書が前日に作成されている。実際は当日に話を聞きに行っていないようだ」

そう捜査関係者が教えてくれたのは、23年12月のことだった。その報告書は、大川原化工機の噴霧乾燥器「L－8i」の内部で最も温度が低くなる場所を聞き取ったとするものだ。聴取報告書には「装置内部でもっとも温度が低くなる箇所は、排風口またはサイクロンである」と記されている。聴取年月日は「19年7月5日」。報告書もその日につくったことになっている。当日に話を聞きに行かずに報告書をつくっていたとしたら、完全な捏造だ。

この報告書は実験の後につくられており、時系列がおかしいという話はすでに書いた通りだが、この報告書の存在自体に疑義が生じていた。私は温度実験のデータ隠蔽とともに、この報告書の捏造疑惑の取材も同時並行で進めていた。

私は内情を知る人を捜し求め、24年2月にある捜査関係者に行き着いた。その人は、「報告書が前日に作成された証拠」とする画像を持っていた。そこに写っていたのは、報告書の電子データの更新日などが記されたプロパティー（文書情報）だ。私はその画像をまじまじと見た。プロパティーの文書名は「20190705聴取結果報告書（Z社）」。更新日は「2019/07/04 17：07」とある。更新日は、最後に文書を保存した時刻を示しているという。その人は前日に作成された報告書も持っていた。経産省に提出された報告書と、前日につくられた報告書を見比べてみた。書式は異なるが、聴取結果の内容は一言一句同じだった。安積警部補ら2人が話を聞いたのは、Z社の技術営業本部長のG氏。聴取内容は次のような言葉から始まっている。

被疑会社製噴霧乾燥器「スプレードライヤ　L－8i」の見取り図及び製品カタログの写しを被聴取者に示し、同装置内部に熱風を送った際、最も温度が低くなる箇所について聴取したところ、以下の回答を得た――。

報告書には見取り図と製品カタログを見せられたG氏の反応が記されており、前日につくられるのはどう考えてもおかしい。捜査関係者によると、公安部は経産省に正式な照会をする前に内々でやりとりをしていた。その中で、経産省から「最低温度箇所について業者から聴取していないのか」と尋ねられていたという。この捜査関係者は「そこで慌ててつくったのがこの報告書だ」と語った。

経産省が「業者から聴取していないのか」と尋ねたのには理由がある。公安部は「L－

8ｉ」の照会をかける前年の18年8月、別のタイプの噴霧乾燥器「ＲＬ－5」について、経産省に輸出規制品に当たるかの照会をかけていた。この噴霧乾燥器を中国に不正輸出した疑いが、20年3月の最初の逮捕容疑だ。照会の際に、業者から最低温度箇所を聞いた報告書を提出していた。その業者は「Ｌ－8ｉ」と同じZ社のG氏だった。

私はある捜査関係者から「ＲＬ－5」に関する捜査メモと聴取報告書を入手した。

そこには、最低温度箇所について、①「器具と器具の間のパッキン」（17年12月4日）、②「排風口」（17年12月12日）、③「排風口、バグフィルタと回収容器の接続部分、サイクロンと回収容器の接続部分」（17年12月25日）と記されている。つまり、1カ月の間に、最低温度箇所がパッキン（1カ所）→排風口（1カ所）→排風口、回収容器、サイクロン（3カ所）と、場所だけでなく、数も変わるというあり得ない変遷をしているのだ。公安部は③の捜査メモを基に、18年3月に「最低温度箇所は3カ所」とする聴取報告書を作成し、経産省に提出している。ある捜査関係者は「最初に、最低温度箇所はパッキンと言っていた人が、3カ所と言うわけがない。公安部が勝手に言わせただけだろう。最低温度箇所が3カ所という報告書には何の信用性もない」と切り捨てた。

「捜査メモ」は公用文書ではないが、「聴取報告書」は作成した捜査員が署名、押印しているので公用文書の扱いになる。最低温度箇所を「排風口」の1カ所とした②の内容は、メモではなく、聴取報告書の形で残していた。18年3月につくった3カ所の聴取報告書と矛盾してしまうため、②の聴取報告書は、外事1課5係の「不送致簿」という簿冊に綴じられているという。聴取報告書を捨てたら公用文書毀棄罪に問われることになるので、捨てるに捨てられないのだ。そして、捜査メモや報告書をまとめた警視庁のサーバー上の一覧表には、②の聴取報告書は「ボツ」と記されている。もちろん、この「ボツ」と書かれた一覧表の画像も入手している。

捜査関係者は言った。「最低温度箇所が1カ所と3カ所の二つが併存することはまずい。なので、1カ所の報告書はボツにした。このように都合の悪いことは、全てなかったことにするのが今回の捜査だ」と話した。

つまり、ここでもストーリーありきの捜査だった。最低温度箇所の場所やその数の変遷をたどると少し分かりづらいかもしれないが、要するに、Z社の聴取報告書は「RL－5」の時からでたらめだということだ。

なぜか激高するZ社の社長

もたれかかったガードレールが、そろそろ冷たく感じられてきた。

体勢を変えつつ、裏取り取材のためひと月ほど前（24年1月）から何度もZ社に足を運んだことを思い出していた。

まず、これまでに私が書いた捜査の問題点を指摘した新聞記事や、「公安部に御社の名前が勝手に使われている可能性がある」などと取材の趣旨を記した手紙を持参した。Z社の社員に手渡し、G氏に渡してもらうよう頼んだ。しかし、G氏は頑なに取材を拒否した。そこで、社長にも同様の手紙を書き、自宅のポストに投函したが「お断りします」の一点張りだった。会社に何度も行ったが、出てくるのはいつも事務の女性で、社長もG氏も一度も出てこなかった。2月にはプロパティー画面と前日作成の報告書という客観的な「ブツ」も手に入った。最後のピースはG氏の証言のみとなった。正面取材が拒否されるのなら、アポイントメントなしで会うしかない。ただ、G氏の顔写真はいくら探しても出てこなかったので、まずは社長に直当たりすることにした……。

外はもう暗くなろうとしていた。引き続きガードレールにもたれながら待っていると、午後5時半過ぎに社長がビルから出てきた。社長は私の顔を見るなり、「勘弁してください」と繰り返す。だが、話を聞かずに帰るわけにはいかない。社長が歩き出したので、私も右隣を歩きながら、質問する。社長は、嫌々ながらも「うちは言ってないですよ。大川原さんの名前も知らなかった」と言ってくれた。すかさず次の質問をたたみかける。

「Gさんもそうなんですか？」

「そう。同じですよ。警察が大川原と言うわけないじゃない」

「カタログを見せて、話を聞いたとなっているんですけども、カタログは見せられていないんですか？」

「大川原の？　とんでもないですよ。そんなの」

「Gさんもそうなんですか？」

「もちろんそうですよ」

歩きながらも最低限のことは聞けた。私はお礼を言って、その場を後にした。私は、社長の証言は取れたので、この時点で記事になると思ったが、上司は「G氏に話を聞かなければ記事は出せない」と譲らなかった。調査報道というのは、記事化のハードルがとにかく高いのだ。

G氏の取り次ぎをお願いしようと4日後に再びZ社のビルの前に行った。すると、社長の態度が一変していた。退社する際に声をかけても、無視される。社長はたばこに火を付け、タクシーが来るのを待っていたが、なかなか空車が来ない。その間、何度も話しかけていると、突然、「お前、ふざけんなよ」と激高した。たばこの火を私に押し付ける仕草をし、「お前はストーカーか」「警察に行くぞ」などと路上で大声を上げた。

正直、私は取材相手に怒鳴られることには慣れている。事件の取材をする上で、これまで警察官、会社の社長、反社会勢力の人などから、幾度となく怒鳴られてきた。相手には話す義務はないので、突然家や会社に押しかけられて怒るのは当然だろう。私は気にしないが、経験を積んで分かったことがある。記者を追い払うために表面上怒っているのか、心の底から憎んで怒っているのか、怒り方にも2種類あるということだ。今回、社長は私に対し、敵意むき出しだった。

１カ月以上、会社に接触を続けてきたこともあり、少し目線を変えようと思った。そこで、後輩記者に「先日は、遠藤という無礼な記者が大変失礼しました」と謝罪してから、会話を切り出してくれと伝え、バトンタッチした。後日、後輩記者は社長に当たったが、警察を呼ばれて、その場を去るしかなかった。

私は、作戦を変え、社長のかつての同僚たちに、説得してもらおうと考えた。その人たちの会社や自宅がある兵庫県にも行ったが、断られるなどして結局、無駄足に終わった。社長と面識があったという大川原化工機の元取締役の島田順司さんにも事情を説明し、Ｚ社に電話をかけてもらったが、社長は電話口にすら出なかったという。

一方、Ｚ社の聴取報告書に疑問を持っていたのは私だけではなかった。大川原化工機代理人の高田弁護士だ。高田弁護士は数々の捜査資料を独自に入手しており、私と同様にＺ社の社長にアプローチしていた。高田弁護士の目的は、社長に国賠訴訟で陳述書を出してもらうことだった。社長は、高田弁護士に対し、

「カタログは提示されたことはない。フローシートみたいなものを提示されたことはあった。どこのメーカーか聞いたが、『警察からは申し上げられません』と断られた」

と話したが、陳述書の協力は得られなかったという。社長は私だけでなく、高田弁護士にも「カタログは見せられていない」と語っていたのだ。

「少なくとも『カタログを示した上で』というのは虚偽です。社長は入院しているＧ氏を守

りたいというようなことを言っていた」
と高田弁護士は言う。大川原化工機のカタログを見ていないG氏が、カタログを見ながら「ダンパーが標準装備されている」などと言えるわけがないのだ。

聴取報告書の捏造疑惑は、ストレート記事では出せなかったが、ウェブ連載「追跡　公安捜査」の中で「公安の聴取はあったのか」と題して取り上げた。記事を出す前に、警視庁に質問状を送った。警視庁は「7月5日、会社を訪問し、事情聴取をしている。一般論として（それまでに）聴取した内容を下書きし、改めて聴取して内容を再確認した上で、変更がなければそのまま捜査書類を作成することはあり得る」と回答した。

すでに書いたが「RL－5」の際は、変遷しているものの、捜査メモが残っていた。しかし、ある捜査関係者によると、「L－8i」の際は、Z社に最低温度箇所を聞いたという捜査メモが一切存在していないという。宮園警部は証人尋問で「実験の前に何回か行っている」と語ったが、そのメモがないのだ。捜査関係者は言った。

「温度実験において、最低温度箇所を特定することは最も重要だ。重要な報告書を作成する際は、概要を記した捜査メモを事前につくって捜査員で共有する。それがないのは、聴取をしていないからだ」

前日作成の報告書、カタログを見せられていないという社長の証言、一切存在しない最低温度箇所に関する捜査メモ――。

これらの客観的な証拠を総合すれば、当日聴取に行っていないとは断定できないものの、聴取報告書の内容に虚偽があることは間違いない。実際のところ社長は、高田弁護士に語ったように、体調の悪いG氏を守りたかっただけなのかもしれない。いつの日かG氏に直接話を聞くことができたら、新聞1面に「聴取報告書の捏造」という記事を出したい。

「取れない調書を取ってくる神」

２０２３年12月の1審・東京地裁判決では、大川原化工機の元取締役、島田順司さんに対する取り調べについても、取調官の安積警部補が「偽計」を用いて供述調書にサインさせたと判断し、違法と認定した。

島田さんが社長らとともに外為法違反容疑で逮捕されたのは20年3月。島田さんに対する任意の取り調べは、逮捕前の18年12月〜20年2月に計39回行われ、計14通の供述調書が作成された。取り調べは、毎回、警視庁原宿署の7階にある取調室で行われた。

供述調書の中には、自社の噴霧乾燥器が輸出規制の要件に該当すると認める記載がある。供述調書は、大学ノートのように1行ごとに横線が引かれている専用のA４サイズの用紙に、外事1課がこれまでの島田さんが供述したとされる内容をまとめたものだ。そこには、「勝手に非該当と判定した」「不正輸出を繰り返した」などと容疑を認めるような供述も記されている。

こうした調書の記載について、島田さんは「話した覚えはない」と訴える。

なぜ不正輸出を認めるような調書が出来上がったのか。

島田さんによると、調書はいつも取り調べが始まる前に準備されていたという。取調官から「それまでの供述をまとめたものだ」と説明を受けたが、一度も話したことがない「不正に」「故意に」「勝手に」などの文言が複数箇所に盛り込まれていた。

ただ、調書にはいずれも島田さんの署名と指印があり、内容に同意したようにも見える。しかし、これについて、島田さんは『「そんなことは言っていない」と何度も取り調べで伝えた』と憤る。ただ、修正点を全て指摘するには限界があった。理由の一つが、取調室でペンを借りられなかったことだ。取調官から調書を渡されて確認を求められたが、調書は10～20ページ程度あり、訂正箇所を覚えきれずに見落としが起きた。また、修正を訴えてもすんなりとは応じてもらえず、取調官は「ここは直すから、こっちは残す」などと、交換条件を出してきたという。

さらには、取調官からは「社長も相嶋も認めているんだ。認めていないのはお前だけだ。あんただけ逮捕されるからな」などと脅されるようなこともあったという。

取調室では平静を装っていたが、署名時には毎回、手が震えるほど緊張したという。取調室には資料を持ち込めず、数カ月前に話したことが調書にされていることも多く、内容を完全に理解するのも難しかった。任意の捜査段階で、不正輸出を認める調書にサインしたことに気付いたのは、逮捕後に弁護士から調書を見せられた時だった。

島田さんは大川原化工機の噴霧乾燥器は「輸出規制品には当たらない」と繰り返し主張していた。その根拠は、一般財団法人「安全保障貿易情報センター（ＣＩＳＴＥＣ）」のガイダンスだ。ガイダンスには、経産省の輸出規制省令の「定置した状態で」という意味について、「作業者が粉体を吸入したり、粉体に接触したりすることなく、内部を滅菌・殺菌できる構造を示している」と記載されている。島田さんは、作業者が菌に曝露することなく、装置内部を滅殺菌できる自動洗浄（ＣＩＰ＝Cleaning In Place）機能が付いた噴霧乾燥器が輸出規制品に当たると考えていた。

島田さんの主張は、公安部側が取り調べの詳細を記した捜査メモには記載されているが、調書にされることは一度もなかった。疑問を抱いた島田さんは取り調べをＩＣレコーダーで録音することにした。スマートフォンは、取り調べ開始前に電源を切ったかを必ず確認された。毎回、鞄の中まで調べられるため、録音に成功したのは3回のみだった。

ＩＣレコーダーには、島田さんの悲痛な訴えが記録されている。

「私たちはＣＩＰで、定置できるものが該当と考えていた。私は何回も言っているじゃないですか。何で供述していることをその通り書いていただけないのですか」

「私は日本の警察のやり方に失望しております。真実を言えというのでずっと言っています。嘘をつくつもりはありません」

これらの訴えは、いずれも19年11月の34回目の取り調べだ。任意の取り調べの最終段階に入っても、島田さんは輸出規制品には当たらないと主張し続けていたことが分かる。

『なんで私を罪人にするんですか』と何度も言ったが、取調官は黙っていた。彼らは逮捕することが手柄であって、真実なんてどうでもよかったんだ」

島田さんは今も憤りを隠さず言うが、当然だ。

私は、ある捜査員が書いた備忘録を入手した。この捜査員は、以前から安積警部補の取り調べを疑問視しており、やりとりをメモの形で残していた。これを読めば、島田さんでなくても怒りは湧くだろう。

▼19年3月ごろ、原宿署調べ室

安積警部補　「私もやっちゃいましたよ」

捜査員　「言ってもないことを書類にしちゃうんですか」

安積警部補　「組織の方針だからやるしかないじゃないですか。うん」

「私もやっちゃいましたよ」というのは、前にも書いたように、宮園警部の捜査方針に従い、ストーリーを無理やりつくるという意味だ。

▼19年5月頃、帰りがたまたま一緒になった駅のホーム

捜査員「島田はずっとＣＩＰと認識して、Ｉにもそう伝えているのを知っているんですよね。あなたもそれを分かっているんですよね」

安積警部補「それじゃ事件は潰れちゃうじゃないですか」

捜査員「あなたの真実でない調書で、島田とＩは逮捕される。島田は確認を怠ったとしてまあしょうがないかもしれないが、Ｉはどうするんですか。やってもないことで逮捕されるかもしれないんですよ」

安積警部補「そんなの知ったこっちゃないですよ。（怒りながら）」

捜査員「真実じゃないことを分かっていながら調書をとれば、虚偽公文書作成じゃないんですか」

安積警部補「私はそんなこと全然気にしませんね。上から言われてやっているだけ。組織の方針に従うだけですよ」

会話に登場するＩさんは、前章でも触れた大川原化工機の海外輸出担当の女性社員だ。厳しい取り調べを受けて、うつ病を発症している。捜査関係者によると、大川原化工機が税関に提出した輸出規制品には当たらないことを示す「非該当証明書」にはＩさんと、専務の男性の名前が記されていたという。この捜査関係者は「ガサの時はこの2人で犯罪事実を組んだが、

２人だけだと個人犯罪になってしまう。会社の不正輸出を立件するには、社長や島田さんから故意の認識を取ることが必要だった」と振り返った。

▼19年4月19日付調書（筆者注：「全器を非該当と判定して、経済産業省の許可を取らず、不正に輸出を繰り返してきた」と記載）を見せながら、安積警部補の席で確認

捜査員　「島田は本当にそう言っているんですか」

安積警部補　「言ってないですよ。そもそも島田はずっとＣＩＰ付きだと言って否認なんで」

捜査員　「じゃあなんで取れるんですか」

安積警部補　「あいつは馬鹿だから。他のあまり関係ないところだけは直せって言うけど、肝心なところは気づかないんですよね。調書をしっかり確認しないから気付かないで取れちゃうんですよね。ほんっと馬鹿なんですよね。（笑いながら）」

捜査員　「それを上も知っているんですか」

安積警部補　「知ってますよ。メモと内容が違うじゃないですか」

「組織の方針」「あいつは馬鹿だ」「上も知っている」――。私はこの備忘録を最初に目にした時、言葉の端々にあふれる悪意に触れ、思わず鳥肌が立った。私だけではない。島田さんは「ここまで言うのか……」と言葉を失っていた。この備忘録自体は国賠訴訟の証拠にはなっていな

いが、この備忘録を基に私が書いた記事は証拠として提出されている。

島田さんの取り調べには立ち会い補助者として、毎回、山川巡査部長が同席していた。複数の捜査関係者によると、山川巡査部長は、周囲に「安積警部補はトラップを仕掛けて、認めの調書を取っていた」と語っていたという。トラップとは何か。事前に作成した調書に、「不正に」「勝手に」「故意に」などと、不正輸出の認識を示すキーワードを複数箇所ちりばめる。島田さんが調書を読んでいる際に、雑談などをして注意をそらし、見落としを狙うことだという。

このような安積警部補の取り調べ方法は、捜査を担当した公安部外事1課5係の中では広く知られていた。ある捜査員は安積警部補のことを「取れない調書を取ってくる神」とまで言っていたという。本来、島田さんから不正輸出を認める調書は取れないのに、だましてサインさせる方法を外事1課の幹部も現場の捜査員も称賛していたのだ。

島田さんの任意の取り調べと調書の作成について、ある捜査関係者はこう言った。

「島田さんがＣＩＰの主張をしているのは分かっていたが、一度でも調書にしてしまうと故意がないことになるので立件するには弊害になる。なので、調書にはしなかった」

そして、言葉を続けた。

「強制捜査ではない任意の捜査は、あくまでも市民の協力を得て行うもので、捜査機関への信頼で成り立っている。今回の取り調べは、警察の信頼をおとしめる行為で、断じて許されない」

私は警視庁に備忘録の存在を伝え、こうした取り調べが行われたかを尋ねたが「控訴審で偽計を用いた事実はない旨の主張を行っている」とし、訴訟が係争中であることを理由にコメントを避けた。漏れ伝わるところによれば、訴訟に携わる警察庁、警視庁の幹部らは、1審判決の中で、安積警部補の取り調べが違法と認定されたことが、どうしても受け入れられないらしいが、取り調べが違法以外の何ものでもないことは明らかだ。

弁録細断事件と翻された証言

「あの時、初めて尻尾を出したんです。なのに……」

電話口から悔しげな声が聞こえてきた。複数の捜査員たちが、捜査を止める唯一のチャンスだったと捉えている出来事がある。それは２０２０年3月11日のこと。島田さんら３人が逮捕された日だ。この日いったい何があったのか。

逮捕された島田さんは警視庁本部庁舎の取調室で安積警部補による取り調べを受けていた。警察は、逮捕した容疑者から、逮捕容疑に関して言い分を聞き、その内容を記した調書をつくらなければならない。この調書を弁解録取書、通称「弁録」と呼ぶ。

安積警部補もこの手続きに従い、弁録をつくって島田さんに確認を求めたが、島田さんが容疑を認める内容になっていた。「大川原社長と顧問の相嶋さんから、非該当で輸出するよう指示された」という内容だった。当然、容疑を否認する島田さんは、「（ＣＩＳＴＥＣの）ガイダンスに従って、許可の申請のいらないものと考え輸出した」と修正するよう求めた。

安積警部補がその場でパソコンを叩き、修正したように見えたため、島田さんは印刷された弁録に署名・指印した。その後、改めてサインした弁録を確認したところ、「社長らと共謀して無許可で輸出した」とまた容疑を認める内容になっていた。

修正が全く反映されていないことに、島田さんは「警察がこんなことするんですか」と怒鳴り、弁録を手で破ろうとした。

その時、取り調べに立ち会っていた山川巡査部長が叫んだ。「だめだー」

驚いた島田さんは弁録から手を離した。

安積警部補は、島田さんを制止した山川巡査部長と数秒間にらみ合った後、無言で取調室を出て行った。2人きりになった取調室で、山川巡査部長は島田さんに「ちゃんと確認してサインしたんじゃないですか」と諭した。一方、安積警部補は別室で待機していた宮園警部に状況を報告。数分後に、取調室に戻り、島田さんの言い分が載った新しい弁録がつくり直された。ただ、島田さんがサインしてしまった容疑を認めた弁録は取調室に残った。取り調べ終了後、安積警部補がこの弁録をシュレッダーで細断した。

この後、警察内部で何があったのかは、詳しくは明らかになっていない。私は複数の捜査関係者に取材し、次のような話を聞いた。

島田さんの取り調べから約2週間後、山川巡査部長は3人の同僚と酒を飲んでいた。3人とも大川原化工機の捜査に携わる同じ階級の巡査部長だ。そこで、密室で起きた出来事を漏らした。翌日、問題視した1人の巡査部長が、上司の時友警部補に報告した。署名・指印をした調書を故意に破棄したとすれば、公用文書毀棄罪に問われる可能性がある。

内部調査が始まった。山川巡査部長ら酒席にいた4人の巡査部長は、外事1課の庶務担当の課長代理が聞き取りをした。一方、安積警部補に聞き取りをしたのは係長の宮園警部だった。宮園警部の指示に忠実に従い、安積警部補が捜査を進めていたことは、誰もが把握していた。この聴取に危機感を募らせたのが、これまでの大川原化工機に対する捜査に疑問を持っていた警部補4人だった。4人はある日の午前7時前、警視庁の庁舎に集まった。毎日、職場に最も早く出勤する外事1課ナンバー2の渡辺誠管理官に直訴するためだ。4人は周囲に他の捜査員がいないことを確認した上で、こう訴えた。「ちゃんと調べてください。このままだと係長（宮園警部）は隠滅します」。しかし、管理官は取り合わなかった。

その後、内部調査の結果、安積警部補による弁録の破棄は「過失」と結論付けられた。安積警部補が作成し、外事1課長あてに提出した報告書では「弁録を不要文書用の箱に入れたことを失念し、過失により細断してしまった」と記されている。

この弁録破棄の問題について、私が取材した限り、警部補4人、取り調べに立ち会った山川巡査部長、取り調べの出来事を上司に報告した巡査部長——の計6人が行動を起こしている。

4人の警部補のうち1人は、外事1課長にも直談判したという。しかし、捜査は止まらなかった。

ある捜査関係者は「安積警部補の弁録破棄の問題を契機に、捜査の様々な問題点が明らかになるはずだった」と悔しさをにじませた。

弁録の破棄は本当に過失だったのか。

国賠訴訟の1審の証人尋問で、捜査批判を繰り返した時友警部補は弁録破棄が問題となった際、宮園警部から「俺は安積のことを信じる。島田が言っていることは誰も信じない。余計なことをするな」などと戒められたと証言した。

国賠訴訟の1審判決は、「公安部の見立てに沿った、有罪立証に有効な証拠を安易に破棄するのは考えがたい。過失で破棄したとの供述は不自然」と指摘し、弁録破棄の経緯を記した報告書を疑問視している。

私は取材を続ける中で、島田さんの取り調べに立ち会っていた山川巡査部長が、安積警部補を批判する文書を作成していたことをつかんだ。24年3月のことだ。ある捜査関係者が「この山川巡査部長のコメントが付いた文書は、安積警部補を痛烈に批判しています。闇に葬られてしまいましたけど」と言って、私に渡してくれた。この文書の作成過程は次のようなものだ。

弁録破棄が明るみになった際、安積警部補はその経緯を説明する報告書案を作成した。この報告書案の内容を知った山川巡査部長は意外な行動に出る。報告書案のデータを自分のパソコンにコピーし、ワープロソフト「一太郎」を使って6カ所に下線を引き、コメントを付ける形で誤りや改善点を指摘する文書を作成したのだ。

安積警部補の報告書案では、島田さんが「（弁録を）『処分していただかないと納得できません』と興奮気味に申し立てた」と記されている。しかし、巡査部長はコメント付き文書で「（島田さんは）『なかったことにしていただきたい』とは言ったが、処分して云々は言っていない。完全なる虚偽報告」と指摘した。弁録破棄については、「正直、（安積警部補が弁録を）折り曲げたときに『あっ』と思った。はっきり言っておけばよかった。まずいですよと」と後悔する様子も生々しく記されている。

安積警部補は報告書案の中で、弁録の細断を「過失」と訴えているが、山川巡査部長はコメント付き文書で「よくこんな報告書が作成できるよな。どっちが犯罪者か分からん」と痛烈に批判した。

山川巡査部長が「完全なる虚偽報告」「どっちが犯罪者か分からん」とまで批判した報告書案はどうなったのか。完成した報告書と見比べてみると、山川巡査部長が指摘した6カ所のうち、反映されたのは1カ所のみで、島田さんの発言の微修正にとどまった。細断を「過失」とした点もそのままだった。

捜査関係者によると、弁録破棄の発覚後、捜査拠点があった警視庁丸ノ内庁舎に戻る車内で、安積警部補は山川巡査部長に対し、「お前も共犯だ。これが公になると大変なことになるので、黙っていろ」と口止めしたという。そもそも山川巡査部長が同僚に漏らさなければ、弁録廃棄が明るみになることはなかった。私は長い間、山川巡査部長は強引な捜査に対して、怒りを抱く捜査否定派だと思っていた。この冤罪事件の取材を始めた当初から、話を聞くために自宅を探し続けていた。

ところが驚くべきことが起きた。山川巡査部長は、24年2月28日付の陳述書で、任意段階の安積警部補の取り調べは適正だったと主張したのだ。弁録廃棄の2週間後、同僚に漏らした「安積警部補はトラップを仕掛けた」とする話とは正反対だが、都側はこの陳述書を東京高裁に提出した。

私はコメント付き文書の話を「取り調べ『不当』内部メモ」という見出しでまとめ、記事は24年3月24日の朝刊社会面で掲載された。記事掲載から1週間ほど経った後、警察庁の幹部が、「山川巡査部長を控訴審で証人として出して『悪ふざけでした』と証言させる」と言っていることを関係者から聞いた。控訴審では公安部長を筆頭に、警察庁外事情報部も訴訟対策に積極的に加わっている。私は、万が一にでも山川巡査部長が「悪ふざけだった」と法廷で証言するようなことがあれば、山川氏個人が社会から猛烈なバッシングを受けるのではと心配になった。

大川原化工機側も、コメント文書を独自入手しており、新証拠として東京高裁に提出した。警察庁幹部の発言の通り、6月に始まった控訴審で、東京都側は山川巡査部長を証人として申請し、認められた。

都側はコメント文書に関する山川巡査部長の陳述書を提出した。24年7月10日付の陳述書は、コメント文書を自らつくったものと認めつつ、「誤解を招く内容があるため、経緯について詳しくお話しします」という山川巡査部長の釈明で始まる。

島田さんの取り調べに立ち会っていた自分に確認することなく、安積警部補が報告書をつくったことに不満があったことが文書作成の動機とした。ただ、この文書は上司に報告するためではなく、気が合う同僚に「雑談として話そうと思い」作成したものだという。「どっちが犯罪者か分からん」と記したことについては、「感情的になり、過激な表現になった」とし、「当時も、今も安積警部補が犯罪者であるとは思っていません」と大きくトーンダウンした。

そして迎えた24年10月9日の証人尋問。山川巡査部長は冒頭で、陳述書で記した「雑談として話そうと思い」という部分を「情報共有と相談のため」と修正した。都側は「雑談」という表現は不適切と思ったのだろう。さすがに尋問の中で「悪ふざけ」と言うこともなかった。

山川巡査部長は、陳述書に沿った形で、安積警部補の取り調べは適正だったと繰り返した。そして、法廷でも「安積警部補が犯罪者ということは当時も今も思っていない」と強調した。コメント文書の指摘については、「弁録の違法性について、言及、指摘したものではない」と述べた。

「安積警部補から口止めをされたり、無理やり認識を押しつけられたりしたことはあったか」という質問には、「ありません」と答えた。この質問は都側の代理人弁護士が主尋問でしていた。

おそらく、反対尋問で大川原化工機側が質問してくることを見越し、先に聞いたのだろう。都側の弁護士が「一部の捜査員が様々な認識、意見を述べている。証人は何が原因だと思うか」と質問した。すると山川巡査部長はこう答えた。

「一番の原因は人間関係の不和だったと思う。捜査員の意見に幹部が耳を傾けられなかった。捜査員も幹部の方針に理解を示せなかった」

人間関係の不和――。問題の本質は、どう考えても仲が悪いという話ではないだろう。

山川巡査部長は、最初の陳述書を書いた24年2月頃に昇任試験に受かり、8月に警部補へと昇任し、外事1課から所轄に出たという。ある捜査関係者は「昇任して組織に取り込まれてしまった」と嘆いた。

島田さんは、任意の取り調べ時、安積警部補とは違い、山川巡査部長には好感を持っていたという。証人尋問が始まる前、「多くの客観的な証拠が出ている。巡査部長は法廷で嘘をつかず、真実をありのままに話してほしい」と語っていた。しかし、その思いは届かなかった。尋問後、島田さんは記者会見でこう語った。

「率直な感想として、失望しました。任意の取り調べから、私は日本の警察はこんなことするのかと言っていました。今日の証言をもって、再度失望しました。『どっちが犯罪者か分からない』と言っていながら、我々を逮捕し、起訴し、勾留し、仲間を1人死に追いやった。それにもかかわらず、組織の圧力に押されて、あのような発言になったのではないかと思いました」

外事1課内では、山川巡査部長はメモ魔として知られていたという。実際、山川巡査部長のノートの一部がいきなり、この日の証人尋問で大川原化工機側から提出されたが、他にも存在しているに違いない。今後、もし、大川原化工機の捜査を検証することがあったなら、その時は真実を語ってほしい。

公安部長の働きかけはあったのか

ずっと手に入れたかった警察の内部文書がある。取材に駆け回ったが、最初に報じたのは別のメディアだった。それは公安部と経産省の打ち合わせ内容を記したメモだ。「経産省メモ」と呼ばれる。その内容の一端が、初めて公になったのは法廷だった。

２０２３年6月、国賠訴訟の証人尋問に立った警部補2人が踏み込んだ発言をした。

「経産省は当初、公安部の捜査に消極的だった。だが、公安部長が経産省に働きかけて、経産省が動いた」

輸出規制省令を所管する経産省は、公安部の「装置内部に熱風を送り込めば菌は死ぬ」という独自解釈に否定的だったが、公安部長の働きかけで同調したというのが発言の趣旨だ。さらに警部補のうち1人が法廷で「(働きかけは)メモに書いてあった」と証言した。

経産省メモの存在自体は、以前から記者の間で知られていた。大川原化工機の社長らを外為法違反で起訴した東京地検の証拠一覧表に、17年10月〜18年2月に作成された13通のメモがあった。当初の証拠一覧表には記されていなかったが、弁護側が開示を求めたところ、その存在が判明した。裁判所の訴訟指揮で、メモは21年7月30日までに弁護側に開示されることになっていたが、地検はこの日、起訴を取り消した。メモは世に出るタイミングを逸し、開示は幻となった。

その後、21年9月に大川原化工機側が国賠訴訟を起こす。2〜3カ月のペースで開かれていた口頭弁論の終了後、報道陣の取材に応じた大川原化工機代理人の高田弁護士はこう語っていた。「経産省メモは、地検も経産省も表に出したくなかった。相当、問題なことが書かれているのではないか」。私は何としてでも、このメモを手に入れたいと考えた。

大川原化工機の事件の捜査を担当したのは、公安部外事1課5係。経産省メモのような捜査メモは捜査の進捗状況の情報共有のため、5係のメンバーに随時配られていたという。また、経産省メモは国賠訴訟対策のため、東京地検や警視庁、警察庁の一部にも出回っていると聞いた。必ず、どこかにあるはずだ。

そしてようやく、「経産省メモを読んだことがある」という捜査関係者が見つかった。13通のうち、18年2月8日にあった打ち合わせ内容を記したメモの存在を教えてくれた。「経産省の担当者が『ガサをするのは構わない』といきなり言い出し、『公安部長が盛り上がっているというのは耳に入ってきている』と言ったことが記されている」

やはりメモに書いてあるのか。メモを持っていないかダメ元で聞いてみた。だが、「いや、さすがに持っていない」と言う。私が気落ちした顔をしていると、同情したのか、この打ち合わせに至る経緯を次のように説明してくれた。

2月8日の打ち合わせの約2週間前、経産省に行った捜査員が「担当者同士で話をしても平行線と言われた」と言いながら帰ってきた。この頃、公安部内では「経産省はもう動かない」というムードになっていた。しかし、捜査を指揮する係長の宮園警部は「空中戦でやってもらうしかない」と口にするようになった。「空中戦」とは、公安部と経産省の幹部同士が直接話し合うことを意味している。そして、2月8日の打ち合わせには、宮園警部だけでなく、その上司で外事1課ナンバー2の渡辺管理官も参加した。管理官と係長がそろって出席するのは初めてだった。異例のメンバーが出席することが事前に設定され、この打ち合わせの場で、経産省はそれまでの姿勢を180度転換し、いきなり「ガサをしてもよい」と公安部の捜査方針に同調する考えを示した――。

経産省のお墨付きをもらった公安部は、18年10月に大川原化工機の本社や関係先を家宅捜索した。平行線、つまり、これ以上は結論は変わらないと言われてから、2月8日の打ち合わせまでの約2週間に何があったのか。

他の捜査関係者にも取材したところ、同様に「空中戦」の話は聞いていたが、警視庁幹部による経産省への具体的な働きかけは知らなかった。

経産省の方針転換の経緯を記事にするには、相手に事実を認めさせるか、客観的な資料を入手することが不可欠だ。このままでは経産省が方針転換した理由をストレート記事で書くことができない。そこで私は、警察担当の記者にも協力してもらい、真相を突き止めようと試みた。

当時の公安部長の新美恭生（にいみやすお）氏はすでに警察を退職している。先輩記者が連絡したが、返事はなかった。新美氏の周辺にも先輩記者らが取材したが、「そんなことをするわけがない」と働きかけを明確に否定していたという。公安部長のカウンターパートとみられる経産省の貿易管理部長も取材に「私は全く記憶にない。警察の幹部が連絡してくることは基本ない」と回答。「公安部長が盛り上がっている」と発言したとメモに記されている経産省安全保障貿易管理課の課長補佐も「訴訟中で組織として対応することになっているので、個人としては答えられない」などと話した。

　結局、当事者が否定し、経産省メモという物証もないため、記事を出すことができなかった。そうした中で、23年12月22日、ＮＨＫが「独自」というテロップをつけ、この経産省メモを入手したと報道した。「公安部長が盛り上がっている」という発言などが初めて公にされた他、経産省の担当者が当初、公安部に対して捜査方針に否定的な発言をしていたことが、経産省メモとともに報じられた。

　正直、「やられた」と思った。記者ならば、自分が追っている事件のネタは他社よりも先につかみ、世に出したい。その半面、大川原化工機の関係者やこの事件の推移を知りたい人にとってみれば、捜査の問題点が一つでも多く明るみに出ることは非常に有益だ。捜査機関に都合の悪いことは、正面からの取材で出てくることはほとんどない。メディア業界では「抜かれたら抜き返せ」とよく言われる。他社に新しい事実を先に報じられたら、自分がさらに新しい事実をつかみ、先に報じるのだ。私は報道各社が競い合って取材することで、隠された事実が一つずつ明らかになると思っている。

経産省メモはその後、大川原化工機側も独自に入手し、控訴審で新証拠として提出した。経産省メモには、経産省の職員の次のような発言が記載されている。

・「本当に情けない話だが、この省令には欠陥があるとしか言いようがないし、省令の改正をしない限り、噴霧乾燥器を規制することはできないのではないか」（17年10月27日）

・「省令の規定があいまいで、解釈もはっきり決めていない。そのような省令で違反者を罰して良いのかという不安もある」（17年11月7日）

・「上席検査官が『警察の対応に不信感を持っている。警察が都合の良い事実のみをＭＥＴＩに伝えているのではないかと感じることが多々あった』と激高する場面があった」（17年12月1日、※「ＭＥＴＩ」は経産省の英語の略称**）**

・「他国とのバランスが大切。日本でのみ乾熱殺菌器を輸出規制対象とすることはおかしく、また意味がないことである」「これまでの経緯のみで該非判定を求められ

るのであれば『該当』と判断することはない。これ以上係員レベルで話をしても、正直平行線ではないか」（18年1月26日）

・「ガサをするのは構わない。本件器械の該当性のみで最後までいくのではなく、できれば、ガサで得た情報で、他の件で立件してもらえればありがたい」「何度も言うが、ガサはいいんじゃないかと考える。上の幹部もその認識」「公安部長が盛り上がっているというのは耳に入ってきている」（18年2月8日）

私が複数の捜査関係者から聞いていた通り、約2週間前の1月26日には「平行線」と突き放されていたのに、2月8日の段階で「ガサをするのは構わない」と経産省の立場は急変していたのだ。

24年10月9日に開かれた証人尋問では、公安部と経産省の13回の打ち合わせのうち4回に出席し、自らメモを作成した夫馬警部補が証言台に立った。公安部長の働きかけについて、「警部、警部補レベルではどうにもならないので、警察の上層部の方から経産省にお願いした。私は公安部長だと考えている」と証言。その理由については、「宮園警部が『もうどうにもならないので空中戦しかない。上司にお願いするしかない』と言っていたのが一つ。あと、経産省の方から『公安部長から話が来ている』というのを聞いたので、それらを客観的に判断した」と語った。そして、宮園警部はガサが認められたことを捜査本部で報告し、『『上に感謝しなきゃな』

と喜んでいた」と語った。

大川原化工機代理人の高田弁護士が経産省メモを元に「ガサをすることの密約ではないか」と尋ねると「その通りです。恥ずかしい相談。法令を無視しているような話です」と批判。そして、立件した理由を尋ねられるとこう言った。

「組織としてはない。日本の安全を考える上でも全くない。決定権を持っている人の欲なんでしょう。そうとしか考えられない」

大川原化工機側にとって、控訴審の最大のポイントは「捜査が捏造だった」と認定されるかだ。1審の証人尋問で濱﨑警部補が捏造発言をしたが、1審判決はその発言について言及しなかった。国賠訴訟の主な争点は①輸出規制省令の公安部解釈は妥当だったのか②噴霧乾燥器の温度実験は適切だったのか③違法な取り調べはあったのか、の三つだ。②の温度実験と③の取り調べは、1審で違法と認定されており、①の解釈が違法と認定されるかが鍵となる。また、この章の初めで詳細に記した温度実験のデータ隠蔽も控訴審から争点になっている。1審からデータ隠蔽のグラフとその時の捜査メモ、経産省メモ、有識者4人全員の陳述書、夫馬警部補証言などが新たに加わった。控訴審は24年12月25日に結審した。25年5月28日の判決で、東京高裁はどんな判断を下すのか。判決を見守りたい。

第6章

正義のありか

起訴取り消しも、還らぬ命

「俺の遺影あるかな」

2021年2月のある日、病院のベッドに横たわる相嶋静夫さんがふとつぶやいた。妻美代子さんは、タブレット端末「iPad」に保存されていた写真の中から、1枚を見せた。小学生の孫が「じいじ、こっち向いて」と何気なく撮った写真だった。撮影日は逮捕される2カ月ほど前。相嶋さん、美代子さん、そして長男、次男の家族が集まり、笑い声が響いていた最後の正月だ。すでに水すら飲むことができず、水分補給は点滴に頼っていた。肋骨が浮き出るほど痩せこけていた相嶋さんは力なく言った。「肥えている時だな」。最愛の人が、死を悟り、自ら遺影を選ぶ。その姿に美代子さんはかける言葉が見つからなかった。そのわずか数日後、相嶋さんは息を引き取った。72歳だった。

相嶋さんは大川原化工機の技術開発部長も務めた技術者だ。「人々の暮らしを少しでも豊かにしたい」。その思いで、長年、噴霧乾燥器の研究、開発に取り組んできた。その噴霧乾燥器が生物兵器に転用できるという疑いをかけられ、逮捕、起訴された。起訴取り消しは、約5カ月後の7月30日。亡くなった時は刑事事件の被告の立場のままだった。

相嶋さんは逮捕されるまで、美代子さんと静岡県富士宮市の高台にある一軒家で暮らしていた。自宅の居間の窓からは、四季折々の富士山が裾野まで一望できる。まるで透明なキャンバスだ。「夕日が当たるのもきれいなんです。この部屋がいいかなと思って」。美代子さんは、窓が見える位置に仏壇を置き、相嶋さんが好きだった果物とともに、この遺影を飾っている。

相嶋さんは山口県出身。東京工業大学を卒業後、集じん機をつくるメーカーに就職した。その頃、日本は高度経済成長期。工場から排出される大気汚染が問題になっていた。10年ほど勤めた後、大川原化工機の先代の社長に声をかけられ、会社を移った。

妥協を許さない職人気質の技術者だった。九州の漁協から「養殖の稚魚の餌をつくりたい」と相談があった。すぐに大きさの異なるメダカを購入し、職場と自宅の水槽で食いつきのいいサイズの粉状の餌をつくる実験を重ねた。中国・四国地方の漁協とも長年、仕事を続けた。顧客のニーズに合わせて何でも対応する。依頼があれば全国を飛び回った。物づくり会社の技術者としての自信と誇りがあった。

特に思い入れがあったのが、08年に完成した富士宮市にある粉体技術研究所だった。大小様々な噴霧乾燥器があり、顧客が製品開発する際に実験できる施設だ。設計段階から携わっていた。開設後は、責任者をしていた時期もあったが、横浜市の本社に戻り、社長の右腕として経営をサポートした。ただ、美代子さんには「研究所で働きたい。商品開発の研究に専念したい」と、よく語っていた。

65歳からは大川原化工機の顧問になり、一線を退いた。研究所で働くという長年の夢をかなえるため、横浜市の自宅を売却し、18年4月に富士宮市に移り住んだ。自宅から研究所までは車で約15分。週2回ほど出勤し、後進の指導に当たりながら、自宅前の畑いじりを楽しむ日々を送っていた。美代子さんは「これまでの人生の中で一番目が輝いていた」と振り返る。

しかし、穏やかな生活は長くは続かなかった。18年10月、本社や研究所は警視庁公安部の家宅捜索を受け、19年の年明けから任意の聴取が始まった。毎月のように呼び出しを受け、富士宮市の自宅から警視庁原宿署に通った。

「嫌なことがあったら、主人はすぐに顔に出るんです」

当初は、任意の取り調べを受けて、自宅に帰ってきても、「ただいま」と明るかった。普段と変わらない様子でテレビを見たり、夕食を食べたりしていた。その姿を見て、美代子さんは少し安心していた。しかし、次第に機嫌が悪くなっていった。

「あいつらバカだから、何回説明しても分からないんだよ」

――嫌な予感がした。

そして、その日は突然訪れた。20年3月11日。時計の針が午前8時を指した時、自宅のインターホンが鳴った。「警察です」

相嶋さんは、捜査車両で警視庁に連れて行かれ、外為法違反で逮捕された。自宅も家宅捜索を受けた。その時押収された灰色の手帳は今も返ってきていない。

美代子さんの接見が許されたのは約2カ月後、警視庁大崎署の留置場だった。逮捕の理由を聞いた美代子さんに、相嶋さんは「分からない」と答えた。

「白黒はっきりさせる主人が『分からない』というので驚きました。長年生活してきて、『分からない』と言ったことは一度もなかったんです」

富士宮市には美代子さんの父も横浜市から一緒に引っ越した。美代子さんは近くの老人ホームに入居する父のもとに、毎日のように顔を見せに行っていたが、逮捕後はショックで足が遠のいた。5月に突如、病院に運ばれ、最期を看取ることもできずに亡くなった。夫の逮捕と父の死が重なり、美代子さんは食べ物をろくに口にすることができなくなった。体重は15キロも減った。

相嶋さんは7月から東京拘置所に移った。

「何も悪いことしていないのに、何でこんな目に遭うんだ」

やり場のない怒りを露わにする相嶋さんの身体には8月頃から異変が起きていた。胃が痛み出した——。9月下旬、「体がふらつき、力が入らない」と拘置所の医師に体調不良を訴えた。重度の貧血で輸血を受けた。看護師は黒色便を確認していた。胃や腸などの消化器からの出血が疑われる緊急事態だ。すでに3回の保釈請求が退けられていたが、弁護側は緊急入院と治療の必要性を訴え、4回目の保釈請求をした。しかし、東京地検は「罪証隠滅の恐れがある」として反対。東京地裁は検察側の主張を認め、請求を却下した。10月1日、拘置所の医師による内視鏡検査で胃に腫瘍があることが判明した。病理検査をした結果、悪性腫瘍だった。

保釈請求が認められないため、弁護側は勾留中の被告を一時的に釈放する「勾留執行停止」を求めた。東京地裁にようやく認められたのが、10月16日午前8時から午後4時までの8時間だった。

美代子さんが東京拘置所に迎えに行くと、職員に支えられながら歩いて出てきた相嶋さんの顔は血の気を失って青白く、目は灰色だった。藁（わら）にもすがる思いで都内の大学病院にタクシーで向かった。長男は、一足先に病院に向かい、受付の手続きをしていた。この病院には以前、別の病気で通院したことがあった。治療してもらえると思っていたが、突然、診療室に数人の職員がなだれ込んできた。その中には警察ＯＢを名乗る職員もいた。勾留の一時執行停止という身分だったため、「事前に弁護士から連絡がなければ診察することはできない」と治療を断られたのだ。この日の成果は、拘置所の検査結果を基に「進行胃がん」と記された診断書だけだった。

昼前に病院から出たが、午後4時まで時間があった。近くで周囲を気にせず話ができ、横になれそうな場所は、カラオケボックスしか見つからなかった。ソファに横になった相嶋さんは泣いていた。声を絞り出すように言った。

「裁判所は保釈をしてくれない。これでも人間なのか。おじいさんも送ってやれなかった」

逮捕後、美代子さんが初めて見る涙だった。美代子さんの父が亡くなった時、葬儀のため勾留の一時執行停止が認められた。しかし、この時も許されたのは8時間。火葬場で荼毘（だび）に付している間に、拘置所に戻る時間を迎え、遺骨を拾うことができなかった。相嶋さんは、美代子さんの父の葬儀に最後まで立ち会えなかったことを悔やんでいた。

変わり果てた父の姿を前に、長男はこのままの状態で拘置所に戻すわけにはいかないと思い、救急車を呼ぶことを提案した。しかし、相嶋さんは「ややこしくなるから、それはいいよ」と断った。午後4時に拘置所に戻る姿を見送るしかなかった。美代子さんは振り返る。

「やっと拘置所から連れ出したのに、治療を受けられず主人は絶望していた」

その後も保釈は認められなかった。勾留の一時執行停止の身分で受け入れてくれる病院は見つからなかった。大学病院で治療を断られてから、美代子さんは面会ができる平日は毎日、富士宮市の自宅から拘置所に通った。面会の度に弱っていく姿に耐えられず、美代子さんは言った。「このままでは死んでしまう。保釈のために嘘をつくしかない」。しかし、相嶋さんは黙ったままだった。

「やっていないことを『やりました』ということはできなかったんだと思う。昔から嘘をつくことが嫌いな人だったから」

美代子さんは推し量る。長男も「父にとって噴霧乾燥器は子どもよりかわいいものだったと思う。自分がつくった装置が、生物兵器に使われるという疑いをかけられた。そこは命をかけても認めたくなかったんだと思います」と語った。

「寒い寒い」と訴える相嶋さんに、美代子さんは毛布を差し入れることぐらいしかできなかった。受け入れ先の病院が見つからないまま、一日一日が過ぎていく。相嶋さんは「人権派弁護士を探してくれ」と訴えた。美代子さんはインターネットで探した弁護士事務所に数件電話をしたが、いずれも断られた。「面会に行けない土日の間に死んでしまうのではないかと思いました」。絶望の中、唯一の救いは長男が医療関係者だったことだ。知り合いの医師に相談し、何とか入院先が見つかった。

11月6日に横浜市内の病院に入院した。精密検査すると、がんは肝臓にも転移し、末期の状態だった。相嶋さんはベッドの上でつぶやいた。「このまま拘置所にいたら殺されるところだった」

抗がん剤治療を続けたが、すでに手遅れだった。年が明けると、水を飲んでもすぐに戻すようになった。ＣＴ検査をすると肝臓が腫れて肥大化していた。その画像を見た相嶋さんは言った。「こんなんじゃ2月いっぱい生きられない」。美代子さんの前で、2度目の涙を流した。死を覚悟した涙だった。モルヒネを打つ緩和ケアに切り替わり、2月7日に息を引き取った。

受け入れ先の病院が見つからず困り果てていた時、美代子さんは、拘置所の職員に「主人を病院に連れて行きたいんです。どうすればいいですか」と訴えたことがある。しかし、職員からは「私たちは裁判所から預かっているだけですから」としか返ってこなかった。「預かっているならば、適切な医療を受けさせる義務があるのではないか。拘置所はあまりにも人の命を軽視している」

美代子さんら遺族は、22年12月、拘置所で適切な医療を受けられずがんの発見が遅れたとして、国に1000万円の損害賠償を求める訴訟を起こした。しかし、1、2審とも、「拘置所の対応が医学的に不適切とは認められない」と判断し、遺族側の請求は認められなかった。ただ、2審判決は、拘置所が外部病院での治療の見通しなどを十分に説明せず、相嶋さんが自ら病院を探すといった混乱が生じていたことに触れ、「今後はこのような事態を防ぐための対応を検討することが望まれる」と付言した。裁判を続けるには時間も費用もかかる。最高裁で逆転勝訴する可能性は極めて低いため、遺族側は上告を断念せざるを得なかった。24年11月に敗訴が確定した。

大川原正明社長、島田順司さん、そして相嶋さんの遺族らが警視庁公安部と東京地検の逮捕・起訴は違法だとして東京都と国に損害賠償を求めた国家賠償請求訴訟の1審判決では、相嶋さんが任意の取り調べを受けた後の19年1月、社長らに送ったメールが、捜査を違法と認定する重要な証拠になった。

「事情聴取の件」というタイトルのメールには、噴霧乾燥器の複数の箇所を挙げた上で、「温度の低い箇所があるため、完全な殺菌はできないと話しました」と記されていた。

本来、公安部は社内きっての技術者である相嶋さんの指摘を受けて、温度を測り直さなければならなかった。しかし、再実験で温度が上がらなかった場合、「殺菌できない＝輸出規制品に当たらない」ことになるため、指摘をあえて無視したのだ。

これに対して、東京都（警視庁）側は控訴審で、相嶋さんの取調官だった松本警部補と、取り調べに立ち会った巡査部長と巡査長の2人の陳述書を提出し、証人申請もした。目的は、相嶋さんが温度が低くなる箇所を指摘した事実がないことを立証するためだった。

私は捜査関係者から次のような話を聞いていた。

「相嶋さんが、温度が上がらない箇所があると指摘した。他の従業員も同じようなことを言っていたが、装置に最も詳しい相嶋さんの話は無視できないとなった。そこで、時友警部補が宮園警部に進言しにいったが、『事件を潰して責任取れるのか』と言われていた」

都側は、3人もの警察官を使い、控訴審で相嶋さんの発言自体をなかったことにしようとしていた。

24年7月、松本警部補の証人尋問が決まった。その直後、長男から「1分だけ時間をもらって直接質問をしたいと思っています」とメールで連絡があった。都側の出方を知って「死人に口なしです。この国賠訴訟を仕切っている人は人でなしです。正義を信じています」とも記されていた。長男が「正義」という言葉を使うのには理由がある。相嶋さんが生前、「正義は勝つ、真実は一つ」と語っていたからだ。長男の直接質問は、10月の法廷で実現した。

長男　「松本さんは私の父、相嶋静夫の顔は覚えていますか」

松本警部補　「はい、覚えております」

長男　「結果として、起訴取り消しとなり冤罪が確定したわけですが、あなたから父や私たち家族に謝罪はありますか」

松本警部補　「謝罪ではありませんが、相嶋さんが亡くなったことにつきましては、お悔やみを申し上げたいと思っております。ただ捜査自体は適正だったと考えております」

——考え抜かれただろう、たった二つの質問。しかし、遺族の、真摯な謝罪を求める気持ちも、正義を信じる気持ちも届かなかった。1審で敗訴したにもかかわらず、都側は控訴審で遺族をさらに苦しめる主張を続けている。

人質司法と保釈請求

「逮捕すれば会社が潰れるんだから認めるに決まってる」

大川原化工機の捜査を指揮した宮園警部は平然とした顔で、このような発言を繰り返していたという。

この宮園警部の言葉は典型的な「人質司法」の考え方だ。刑事裁判には「無罪推定の原則」というものがある。犯罪をしたと疑われて捜査対象となった人（容疑者）や、刑事裁判を受ける人（被告）に対し、裁判で有罪が確定するまでは、罪を犯していない人として扱わなければならない、というルールだ。しかし、現実は、容疑者や被告が無罪を主張したり、黙秘したりすると、自白を引き出すための身体拘束は長期間にわたる。家族や知人との面会が禁じられる「接見禁止」の措置も取られる。日本の刑事司法制度は、かねてから「人質司法」と批判されている。

身柄を拘束された人たちには、それぞれ仕事があり、家庭もあるだろう。長期間勾留された場合、その全てを失うことになりかねない。特に大川原化工機のような中小企業にとって、社長や幹部社員の不在は経営に直結する。大川原化工機は、残された社員が奮闘し、地道に築いてきた取引先との信頼関係があったため潰れなかったにすぎない。

今回、勾留中に弁護側が行った保釈請求は、大川原社長と元取締役の島田さんはそれぞれ6回、相嶋さんは8回だ。大川原社長と島田さんの身体拘束は332日間にも及び、相嶋さんはがんと診断されても保釈は認められなかった。3人が容疑を否認していたからだ。

保釈が認められても厳しい条件が付く。大川原社長と島田さんは、大川原化工機の本社などの関連施設への立ち入りや、従業員との接触を禁じられた。2人は21年2月5日に保釈されたが、その2日後に病院で亡くなった相嶋さんに会うことはできなかった。

3人は勾留中、弁護士を通じて、「裁判で無罪を勝ち取ろう」と支え合ってきた。大川原社長と島田さんが、相嶋さんの遺族にお墓の場所を聞き、手を合わせられたのは、起訴取り消しの後だった。

３人で計20回に上った保釈請求はどのようなものだったのか。保釈関連の資料を基に振り返りたい。

保釈却下の流れは次のようになる。

①弁護側が保釈請求
②検察側が「罪証隠滅の恐れがある」として反対
③地裁の裁判官１人が請求を却下
④弁護側が決定を不服として準抗告
⑤地裁の裁判官３人の合議体が請求を却下

今回は、この一連の流れが繰り返された。「準抗告」とは１人の裁判官が行った処分に不服がある場合、処分を行った裁判官とは別の裁判官３人が話し合って決めるという仕組みだ。誰かの独断ではなく、３人の目から保釈が妥当なのかを審理したはずだ。しかし、裁判官らは、検察側の「罪証隠滅の恐れがある」という主張に沿い、保釈請求を却下し続けた。その結果、相嶋さんの命が失われた。

３人の保釈請求の審理に関わった裁判官は延べ26人。うち延べ21人が保釈を認めない判断を下した。これだけ多くの裁判官が、検察側の主張を鵜呑みにし続けたのである。

２０２０年3月11日の逮捕当日、大川原化工機は会社のホームページに「今回問題とされている当社の輸出製品は、外為法の規制を受けるべき製品には該当せず、輸出は外為法に違反するものではない」とのコメントを掲載した。また、大川原化工機の顧問弁護士である高田剛弁護士は、各報道機関に噴霧乾燥器の規制要件などを説明した上で、「法令違反はなかった」とする文書を送った。

しかし、これらの真っ当な主張が、東京地検の反対意見の中で使われた。弁護側が最初に3人の保釈請求をしたのは、逮捕から約1カ月後の20年4月6日だ。この時、3人を起訴した塚部貴子検事は、保釈に反対する意見書の中で「ホームページにコメントを掲載したのみならず、報道機関宛てに更に詳細なコメントを発表するなどしており、被告会社が組織ぐるみで口裏合わせを行い、個々の従業員の供述をコントロールしている可能性が極めて高く、罪証隠滅が行われる現実的危険性は極めて高い」と指摘した。

開いた口が塞がらないとはこのことだろう。「組織ぐるみ」で「供述をコントロール」し、「罪証消滅」をしているのは、公安部の方ではないか。

弁護側が2度目の保釈請求をしたのは、20年6月18日。この時、東京地検は驚くべき反対意見を付けている。

「弁護人は保釈条件として、関係者との不接触、被告会社の不出社、通話履歴及び電子メールの送受信履歴の提出等を挙げているものの、それらの条件をもってしても通謀を防ぐことができないのは日産自動車元会長の海外逃亡によっても明らかである」

保釈中だったカルロス・ゴーン氏は19年12月、東京都内から関西空港に移動し、音響機材用の箱の中に隠れて、プライベートジェット機でレバノンに逃亡した。この逃亡を手助けしたのは米陸軍特殊部隊「グリーンベレー」の元隊員の男性とその息子らだ。ゴーン氏は日産自動車という海外に多くの拠点を持つグローバル企業の元会長で、世界有数の資産家だ。元隊員の親子に、計86万ドル（プライベートジェット機手配のための40万ドルを含む）もの報酬を支払って逃亡するという前代未聞の事件の話が、なぜ、今回の保釈請求の反対意見の中に出てくるのか。

大川原化工機は従業員90人の横浜市の中小企業だ。「明らかである」の根拠はいったい何だというのか。

相嶋さんが拘置所で重度の貧血になった後（4回目）、大学病院で進行胃がんと診断された後（5回目）、勾留の一時執行停止で入院し、末期がんと診断された後（6回目、7回目）の保釈請求ですら、東京地検は「罪証隠滅の恐れがある」と主張し、裁判官は追認し続けた。8度目の保釈請求は、亡くなる6日前だった。裁判官から「入院しているため保釈は認められない」と言われ、弁護側が自ら取り下げたにすぎない。裁判官は末期がんの相嶋さんの保釈を亡くなるまで一度も認めなかったのだ。

そもそも大川原化工機は、18年10月の家宅捜索以降、社長らが逮捕されるまでの約1年5カ月もの間、任意の事情聴取に協力しており、逃亡の恐れも、罪証隠滅の恐れもなかったはずだ。

24年7月、拘置所医療の不備を問う訴訟の控訴審の第1回口頭弁論で、相嶋さんの長男が意見陳述した。傍聴していた私は思わず唸った。長男は国賠訴訟の節目に行われる記者会見で、常に怒りを押し殺し、冷静に、そして的確に問題の本質を突く。

この意見陳述にも人質司法の問題が凝縮されている。そのまま引用したい。

２０２１年２月７日早朝に父は涙を流して息を引き取りました。この涙は、刑事司法への信頼を裏切られた悔しさの表れでした。２０２０年３月11日、父は警視庁公安部による違法な捜査に基づく逮捕を受け、身体拘束が始まりました。何も罪を犯していないにもかかわらず、警察や検察からは犯罪者として扱われ、最後の砦である裁判所も父の身体拘束を続ける決定を出し続けていました。この事件は捜査当局の嘘と、司法の判断ミスの連鎖が生んだ悲劇だったのです。

父は捜査機関による嘘を突き付けられ、多大なストレスを感じ、尊厳を踏みにじられながらも冷静に耐えていました。しかし、とうとう胃がんを発症し、さらには社会一般の水準の医療を受けることができなかったのです。

国代理人の皆さん、裁判官の皆さん、ご自身の家族がこのような目に遭ったらと想像してみてください。捏造された事件にもかかわらず、逮捕状を発付し、勾留請求を認め、保釈を7回却下し、父の勾留を続けたのは、延べ37名の裁判官でした。接見も禁止し、裁判官は検察官とともに父の精神を痛めつけたのです。

父が胃がんの治療を請願しているにもかかわらず、保釈に強固に反対した検察官、冷酷な保釈却下を続けた裁判官は、今、父にどのように謝罪するのでしょうか。ヒポクラテスの誓いを忘れた矯正医官は、自らの職業に誇りを持てているのでしょうか。この事件に関与した関係者は一度、自身の仕事を振り返り、父に謝罪してください。

裁判官の皆さまは、警察、検察の違法捜査に基づき、無実の市民が逮捕、勾留された事実を直視し、未決拘禁者に対する生命、人権の保護について、改めて考え直し、保釈実務を改善しなければなりません。裁判所には本件の実態をご認識頂いた上で、公正なご判断をお願いしたいと存じます。

本件が保釈実務、拘置所医療の改善の一助になることを願ってやみません。

長男に法廷で与えられた時間は2分間。仕事の行き帰りの電車の中で、頭に浮かんだ言葉をノートに書きとめた。意見陳述が行われる他の裁判を参考のために傍聴しに行ったこともあった。そして出来上がったのが、この８００字弱の文章だ。保釈請求を却下し続けたのは裁判官だった。やり場のない怒り、悲しみ、そして、無念さ。裁判官が事務作業のように、検察官の反対意見を受け入れたため相嶋さんの命が奪われた。目の前にいる裁判官が今回の保釈請求に関わっていないのは百も承知だ。ただ、「裁判官」という同じ立場の人たちに、どうしても直接思いを伝えたかったのだ。

大川原化工機の刑事弁護団の一員だった趙誠峰弁護士は、保釈請求を却下し続けた裁判所を次のように批判した。

「検察官が保釈請求に対してどれだけ醜(みにく)い意見を述べようとも、裁判官が身体拘束を認めなければ何も問題はなかった。全責任は裁判官にある。無罪を主張したり、黙秘権を行使したりすれば、ほぼ全ての事件で検察官は『罪証隠滅する恐れがある』と意見を述べ、裁判所はそれを唯々諾々と受け入れるのが現実だ。裁判官こそが、この事件における身体拘束の判断を振り返り、反省し、二度と同じ過ちを犯さないようにしなければならない。この事件を警察や検察の不祥事で終わらせるならば、人質司法は永久に解消されない」

捜査員たちの苦悩

記者という仕事をしていると、時折、魂が震えるような瞬間が訪れる。

２０２３年11月、大川原化工機の取材が本格化したばかりの頃だった。私はある捜査関係者と繁華街のカラオケボックスにいた。

閉め切ったドアの外から、体に響くような重厚感のあるベースの音が漏れ聞こえてくる。机の上には、ドリンクバーで注いできたばかりのアイスコーヒーのグラスが二つ。深めのソファに腰を下ろし、私は差し向かう相手を見つめた。公安部がつくり上げた乾熱殺菌による有罪説がいかに強引で無理筋だったのかなど、今回の捜査の問題点を一通り聞き終わった後、その人は言った。「大川原化工機は普通のまじめな中小企業。その従業員90人を守らないといけないと思うようになった。市民を守る警察官として、この捜査はどうしても許せなかった」。3時間に及ぶ話が終わった。帰り際、こう言われた。

「守秘義務があるので、私が直接、世間に訴えることはできない。発信するのはマスコミの皆さんにしかできない」

別々に店を後にした私は、帰りの電車に揺られながら、その言葉に繰り返し思いを馳せた。捜査の内幕を明らかにできるよう取材を続けよう。そして、一つでも多く世の中に出そう。そう心に誓った。

事件を立件したことで、外事1課や捜査員個人が警視総監賞などを受賞したことはすでに記したが、納得できない捜査に関わった怒りから、ある捜査員は表彰状をシュレッダーで細断した。捜査の途中で「こんなことやってられない。冤罪だ」と言い人事異動で外事1課を出た捜査員、「もし、国賠訴訟になったら尋問に俺を呼んでほしい」と言っていた捜査員もいたという。

疑問を持ちながら捜査に携わっていた人たちを苦しめているのは、逮捕者に亡くなった人がいることも大きい。私の取材に応じてくれた捜査員は皆、「相嶋さんのことを思うと本当に申し訳ない」と口をそろえた。

経産省の輸出規制省令、噴霧乾燥器の構造、細菌の種類と特徴に至るまで、聞けばなんでもすらすらと答えてくれる人がいた。不思議に思って「何でそんなに詳しいんですか」と尋ねると、こう言われた。

「大川原を守るために死ぬ気で勉強したんですよ」

この人は、「万が一、社長らが刑事裁判で有罪になったら、警察官を辞めていた」とまで言った。

1、2審を通じ、法廷で公安部の捜査を批判したのは、濵﨑警部補、時友警部補、夫馬警部補の3人。裁判でここまで多くの現職警察官が捜査を批判することは、おそらく後にも先にもないだろう。この3人を知るある捜査関係者によると、3人は2000年4月に警察学校に入った同期という。時友警部補は今回の捜査のデスクで、捜査全体を統括する役割だった。捜査指揮を執った宮園警部の次の立場になる。夫馬警部補は経産省に出向経験がある、いわば法令解釈のプロだ。2人とも公安畑の捜査員だ。一方、濵﨑警部補は、温度実験の責任者で、外事1課に来る前は少年犯罪や環境犯罪を取り締まる生活安全部をメインに歩んできた捜査員。外務省にも出向経験があるという。年齢的にもキャリア的にも申し分のない中堅の捜査員たちだった。

東京都側は、24年12月25日、国賠訴訟の結審の日に、驚くべき書面を東京高裁に提出した。これまでの主張をまとめた46ページからなる「最終準備書面」だ。最後に「総括」として4ページを使い、3人の警部補の証言を「壮大な虚構」と切り捨てたのだ。私はこの書面を初めて見た時、唖然（あぜん）とした。部分的に引用したい。

必ずしも良好とはいえなかった当時の外事一課員の人間関係の中で、一部の捜査員において、本件各事件の捜査が不当な意図の下に行われたのだろうと決めつけ、その筋書きに固執する状況が認められた。自らの推論に付合しそうな事実ばかりに注目し、そこから更に臆測や推論を重ねる一方で、それと矛盾する事実については考慮しないことで、実際の事実関係とは大きく異なった虚構が作り上げられていった。

時友警部補、濵﨑警部補、夫馬警部補らは、捜査を指揮していた宮園警部や一審原告島田から自供を得ていた安積警部補らに対して感情的になっていた状況がうかがわれるところ、実際の事実関係を冷静に判断できる状態になかったと思われる。（中略）同期生同士という間柄も相俟（あいま）って、それぞれが抱いていた不満が相互に共有される中で、自分自身が体験したわけではない伝聞や単なる推測にすぎない話が、あたかも実際にあったことのように語られるに至った。

臆測、推論、虚構――。言葉の選択に警視庁の意図が透けて見えてくる。これまで何度も書いてきたが、「筋書きに固執」する捜査は、公安部の専売特許である。このキーワードは身内の証言の信用性を否定する際も使うらしい。

卑近な例だが、新聞社に置き換えて考えてみよう。現場の記者を束ねるキャップと、原稿を手直しするデスクが「この記事は取材が杜撰で間違っていました。訂正するべきです」と言っているのに、取材をしていない管理職の社会部長や編集局長が「記事は正しい。お前らの話は嘘だ」と言っているようなものだ。どちらが正しいかは一目瞭然だろう。

「正義の検事」はどこへ

捜査関係者によると、安積警部補の弁録破棄問題が発覚した際、時友警部補は起訴した塚部検事に捜査の問題点を指摘しに行ったという。私はその時の様子が記された捜査メモを入手した。２０２１年3月24日、起訴の7日前だ。メモには塚部検事の発言内容しか書かれていないため、時友警部補が何を伝えたのかは正確には分からないが、内容は容易に想像がつく。

業界の常識でそう思っているといっているが、他にも当たらないと言っている人た

ちがいるとまずい。解釈自体が、規定がおかしいという前提であれば起訴できない。業界の一般的な捉え方も被疑会社よりであれば起訴できない。彼らの言い分も一理あると言うことだと起訴できない。捜査段階では検証していないのか。経産省が解釈を出すのが遅すぎて犯行当時、判断基準がなかったというのが通るのであれば起訴できない。

この捜査メモの作成者は、打ち合わせに同席したT警部補だ。T警部補は、厳しい取り調べによって大川原化工機の女性社員がうつ病を発症した際の担当取調官でもある。当然、捜査推進派なので、内部報告用の捜査メモに嘘を書くことはないだろう。この文章だと少し分かりにくいが、塚部検事の発言内容から、時友警部補は噴霧乾燥器のメーカーやユーザーは、公安部が考えた独自解釈「乾熱殺菌」で殺菌できるとは思っていないこと、経産省の輸出規制省令は曖昧なことを伝えたとみられる。塚部検事の発言は次のように続く。

そういう整理でやってきたと思っていた。そうでないと不安になってきた。大丈夫か。私が知らないことがあるのであれば問題だ。

メモには「起訴できない」という記載が4カ所もあり、最後には「不安になってきた。大丈夫か」とまで言っている。業界の常識や省令解釈の曖昧さを伝えられて、「大丈夫か」と疑問を抱くのは当然だろう。

ところが、塚部検事は大川原社長ら3人を7日後に起訴した。7日間の間に何があったのか。私は「時友警部補が『後で宮園警部から連絡させます』と言って検事と別れたらしい」という話までは聞いたものの、宮園警部がその後、どのような連絡をしたのかは分からなかった。ただ、塚部検事は宮園警部のことを信頼していたという。

塚部検事は国賠訴訟の1審で、証人として法廷に立った。大川原化工機側の代理人弁護士から謝罪の意思を問われ、「起訴する判断に間違いがあったとは思っていないので、謝罪というのはありません」と動じずに語った。

そこには、捜査メモにあった弱気な様子は一切なかった。

実は、この塚部検事は、一昔前の事件記者ならば、その名を誰もが知っている有名人だ。10年に発覚した大阪地検特捜部の証拠改竄(かいざん)事件で、改竄を問題視して、上司に公表を迫ったのだ。この事件では、特捜部の主任検事が、厚生労働省元局長の村木厚子(むらきあつこ)さんが郵便不正事件に関わったとする見立てに沿うように、証拠品のフロッピーディスクのデータを改竄した。主任検事、特捜部長、副部長の3人が逮捕・起訴され、有罪が確定した。見立てに沿うように証拠をつくり上げるというのは今回の事件とも共通する。

特捜部長と副部長が犯人隠避罪に問われた刑事裁判の中で、塚部検事は11年9月に証人出廷した。データの改竄を知り、黙っていられずに上司に報告。事案の公表に難色を示す上司に向かい、「もみ消すつもりか」「大問題になる」と迫ったことを証言していた。

今回の時友警部補の直談判に話を戻そう。任意の捜査段階ならまだしも、逮捕後に捜査員が問題点を検事に伝えに来ることは通常はあり得ない。しかも、伝えに来たのは捜査全般を統括するデスク役の警部補だ。大阪地検特捜部に在籍し、捜査経験も豊富、そして過去、上司に証拠改竄の公表を迫った塚部検事ならば、その重さは理解していたはずだ。

塚部検事には後輩記者が23年12月、当時勤めていた千葉地検から出てきたところで直当たりをしている。かつて、正義のために動いた検事は、「やめてください」「警察呼びますよ」と繰り返し、「東京地検に取材を申し込んでください」と言って足早に去っていった。

捜査関係者によると、公安部は地検が起訴するまでは、立件に不利な情報は極力伝えないようにしていたという。ある捜査関係者は「検事は一度起訴すれば、無罪にするわけにはいかないので、後は〝死ぬ気〟で公判対策をする。こちらの目的は起訴させることにあった。検事に起訴させるまでは、こちらの手の内は見せなかった。ただ、塚部検事は時友警部補から話を聞き、捜査に疑問を持ったはず。起訴猶予にはできたはずだ」と語った。塚部検事の前任者、さらに前々任者の2人の検事は、捜査に関与した期間は短かったものの、立件に難色を示していたという。

別の捜査関係者も起訴猶予にはできたとした上で、「公安部は経産省、検事、警察内部に都合の良い情報ばかりを伝え、捜査にマイナスの情報を無視して突き進んだ。この捜査に大義はなかった」と総括した。

消された検証アンケート

大川原化工機側が繰り返し求めているのは捜査の検証だ。しかし、警視庁公安部も東京地検も一切応じていない。ただ、1度だけ、公安部外事1課が検証を試みたことがあった。

それは起訴取り消し直後の2021年8月のことだ。大川原化工機の捜査に携わった捜査員にアンケート調査が実施された。私はこのA4判2ページのアンケートを関係者から入手した。冒頭には「未来志向型の検証」とあり、「今回検証した結果が将来の我々の捜査に寄与できるよう『今後の捜査のあり方はどうあるべきか』について、思いの丈を述べて頂きたい」と記されている。「検証ポイント」と書かれた質問項目は五つあった。

①起訴後に弁護側が主張したコールドポイント（測定口）について
②経産省との関係について
③地検担当検事との関係について

④捜査手法（捜査手続き、取り調べ等）について

⑤その他（当方として何が問題だったのか。捜査を振り返って思うままに）

質問①に出てくる、「コールドポイント」とは、噴霧乾燥器で温度が上がらない場所を指す。「任意の捜査段階で把握していたのか、単に見落としていたのか」「把握していないならば、なぜ把握できなかったのか（技術的要因、人的要因）」などと細かく質問を設定している。そして、質問③では、「担当検事に対し、捜査状況を隈なく伝えていたのか」「捜索前、一次捜索後、逮捕後、二次捜索後、それぞれの段階でどのような消極証拠があったのか」「担当検事と消極証拠の検証はなされたのか」とも記されている。

本書をここまで読んでいただいた方には明白だろう。つまり、外事1課は、自身の捜査の問題点をほぼ全て把握していたのだ。そうでなければこのような質問はつくれない。

私はこのアンケートを目にした時、大川原化工機に関する一連の取材の中で、初めて組織としての自浄作用を見たような気がした。

複数の捜査関係者によると、この検証作業に着手したのは、21年1月に着任した佐藤快孝外事1課長だった。佐藤課長は大川原化工機の捜査に携わっておらず、着任から半年後に起訴が取り消されたことを重くみて、捜査の実態を客観的立場から検証しようと動いた。当初は、会議形式で意見を出し合おうとしたが、一部の捜査員が「記録に残らない」と反発した。文書と

して残すために、決まったのがアンケートという方法だった。捜査を指揮した係長の宮園警部はすでに異動で外事1課にはいなかった。質問は後任の川崎慎一郎係長が作成した。忌憚のない意見を書けるよう回答は匿名で、外事1課を異動で出た捜査員にも配られた。締め切りは8月27日だった。

回答では、複数の捜査員が「捜査には法令違反が数多くあり、監察を入れて調査するべきだ」などと記した。「監察」とは、警察官の懲罰を担当する部署だ。中には温度実験の不備や経産省が公安部の殺菌解釈に否定的だったことなど、6ページにもわたって問題点を指摘した捜査員もいたという。

アンケートを捜査員に配る。捜査員が率直な意見を回答する――。ここまではよい流れだった。ところが、その後の経過は唖然とするものだった。

捜査員たちの回答は一切、活かされなかった。なぜか。アンケートの実施を聞きつけた警察庁外事情報部長の近藤知尚氏が、アンケート結果が出回る可能性を懸念し、「何をやっているんだ」「そんなことはやるな」と外事1課長を叱責したからだ。その後、外事1課長は、記録に残すために実施したはずのアンケートの回答を廃棄したと外事情報部長に報告した。

外事情報部長は外事1課長の直属の上司ではないが、全国の外事事件を監督する立場だ。さらに、近藤氏は、大川原化工機の社長らを逮捕した20年3月、公安部長を務めていた人物でもある。

捜査検証の動きを、逮捕時に公安部の最高責任者だった警察庁幹部が握り潰すというあり得ない事態が起きていたのだ。

近藤氏は24年3月に退職していた。約半年後の10月に私は自宅を尋ねた。家の外には出てこなかったが、インターホン越しに会話をした。開口一番言われたのが「警視庁クラブの方ですか」だ。警察庁長官狙撃事件の取材もそうだったが、警視庁、警察庁の幹部経験者は、まず記者クラブに所属しているのかを聞いてくる。「違います。ずっと大川原の件を取材している者です」と言うと、「あー、はいはいはい」と答えた。どうやら捜査を批判する記事を書き続けている毎日新聞の記者として、認識されているようだ。

当時、佐藤課長を叱責したのかを尋ねると「ちょっと明確な記憶がない」と答えた。何度も確認したが、「そんなことはしていない」ではなく「記憶がない」と言い続けた。

埒（らち）が明かないため、私は「アンケートを取ったことは知っていますよね」と尋ねた。すると数秒間の沈黙の後、「すいません。時間が経っているので、私の記憶が……」と答えた。

10分ほどの会話の中で、「記憶がない」と13回も口にした。「記憶がない」は政治家が追及から逃れるために使う常套句（じょうとうく）でもある。

私は24年11月13日の朝刊1面と社会面でアンケート廃棄に関する記事を掲載した。

このアンケートを巡っては、24年9月の東京都議会の一般質問でも取り上げられた。五十嵐（いがらし）衣里（えり）都議（現・衆院議員、立憲民主党）が実施の有無や回答内容を尋ねたが、緒方禎己警視総監は国賠訴訟を理由に回答を避けた。私も記事掲載前に警視庁に質問を送ったが、戻ってきたのは、同じように「回答を差し控える」だった。

ところが、12月19日に行われた警視総監や各部の部長が出席する年末恒例の警視庁の合同記者会見で、中島寛（なかじまひろし）公安部長が、マスコミ各社が集まる中、アンケートの実施と廃棄を急遽認めた。

中島部長は事実関係と経緯を訊ねる質問に対して答える形でアンケートを廃棄した理由について、

「一部の捜査員からアンケート結果を読むのは外事1課長のみにしてもらいたいと強い要望があった」

「国賠訴訟の対応を通じ、客観的な資料に基づき事実関係の確認整理が進んでいた」

と、二つを挙げた。そして、廃棄の時期については、「作成から約1年後、（アンケートを実施した外事1課長の）2代後の外事1課長によって廃棄されたことが確認できた」と述べた。一方で、「当時の警察庁外事情報部長から叱責をされたり、同部長とのやりとりを受けて廃棄をした事実はございません」と強調した。

これまでアンケート実施の有無さえ答えなかった警視庁が、公の場で廃棄まで認めたのは、「外事情報部長の叱責は、アンケート廃棄とは関係ない」と言いたかったためだろう。実際に、これらの公安部長の発言を後日、そのまま紙面に掲載していた社もあった。

しかし、実は、外事1課長が外事情報部長から叱責されて、「廃棄した」と報告したものの、課長席の机の引き出しに保管し、後任の課長に引き継いだことはこちらも把握済みだった。そのため、記事には「叱責された外事1課長が廃棄した」とは一言も書いていない。正しいアンケート廃棄の流れは次のようになる。

①21年8月に警視庁公安部外事1課がアンケートを実施→警察庁外事情報部長の近藤氏が外事1課長の佐藤氏を叱責（ちなみに、近藤氏以外の警察庁幹部もアンケートについて佐藤氏に苦情を入れていることを確認済み）

②佐藤氏は近藤氏にアンケートを廃棄したと報告したが秘密裏にアンケートを机の中で保管。後任の宮川恵三氏（任期は22年3〜8月）に引き継ぐ

③22年8月頃、宮川氏の後任の永島拓氏がアンケートを廃棄

どのタイミングで廃棄されたかに関係なく、流れを見れば、叱責や苦情が原因でアンケートが表に出る機会を失い廃棄につながったことは明白だ。叱責などしなければ、アンケートの回答は監察など、外事1課の外に出て検証される可能性があった。

すでに書いたが、アンケートの回答で複数の捜査員は「監察で調査すべきだ」と記していた。それにもかかわらず、「一部の捜査員からアンケート結果を読むのは外事1課長のみにしても

らいたいと強い要望があったから廃棄した」という公安部長の説明は理解しがたく、「会見の場でよく嘘がつけるものだ」と呆れる捜査員の声も聞いた。「強い要望」をしたのは誰かは不明だが、捜査積極派からの要望ならば、単なる事案の隠蔽であろう。

また、大川原化工機側が国賠訴訟を起こしたのは21年9月だが、22年6月末に、公安部の独自の法令解釈の誤りや、噴霧乾燥器の最低温度箇所の特定方法が不合理だと詳細に主張する準備書面を提出していた。その直後にアンケートが廃棄されたのである。「国賠訴訟の対応を通じ、客観的な資料に基づき事実関係の確認整理が進んでいたから廃棄した」のではなく、大川原化工機側の主張に沿うアンケートの回答が外事1課内に存在することは不都合と考え、廃棄したと考えるのが自然だろう。

この合同記者会見は、決められた質問を事前に警視庁側に送り、会見で担当部長らが回答するという流れだった。各社から会見の場で追加質問はなかったようだが、私がその場にいたらこう質問している。

「アンケートは組織として将来の捜査に生かすために実施したはず。アンケートは公用文書に当たり、廃棄は公用文書毀棄の罪に当たるのではないか」

「捜査メモは残さない」方向に運用変更

アンケート廃棄だけはない。起訴取り消しを受けて、外事1課は運用を変更したことがある。

たのである。

「改善」ではなく、「改悪」だ。立件に不利なことが書かれた捜査メモをつくるのを止めてしまった。

起訴取り消しは、捜査状況を共有するために捜査員が作成する「捜査メモ」が決定的な役割を果たした。すでに記したように、東京地検の公判部副部長が２０２１年7月に起訴取り消しを公安部に伝えた際、「初期の捜査メモ（経産省）を読むと、『意図的に、立件方向にねじ曲げた』という解釈を裁判官にされるリスクがある」と述べていた。東京地検からこのような指摘を受け、外事1課は「捜査メモのせいで起訴が取り消された」、つまり、マイナスなことが書かれた捜査メモは、立件の弊害になると考えたのだ。

ある捜査関係者は言った。「捜査には税金を使っている。起訴取り消しで反省するどころか、マイナスになるメモは残さないという対策を取るようになった。誰の指示なのかは分からないが、本末転倒なことが起きた」

警視庁が起訴取り消しを受けて、表向きに公表している対策は、「公安部に捜査指導官を置き、証拠の吟味等を強化する」「幹部の研修を充実させ、指揮能力の向上を図る」というものだ。いかにも見栄えのよい言葉を並べているが、蓋を開けてみれば、捜査メモを残さないという暴挙に出ていたのだ。

警視庁は見立てに沿わない証拠をことごとく捨て、大川原化工機を立件し、その後、起訴は取り消された。大義なき捜査の中で、無実の相嶋さんが犠牲となった。警視庁がこの捜査で学んだのが、「不利になる捜査メモは残さない」では、あまりにも相嶋さんが浮かばれない。私は警視庁に「なぜ、不利な捜査メモを作るのをやめたのか」と質問を投げた。「国賠訴訟とは関係なく、現在の運用を聞いているので、『国賠訴訟の係属中のため回答を控える』という回答は避けて頂きたい」とも記した。

すると警視庁は「ご指摘の『捜査の見立てに合わない捜査メモを作らない運用』をしている事実は一切ありません」と明確に否定した。ただ、である。これまで私は独自の記事を出す度に、書面で質問を投げ、毎回、事実上ゼロ回答の「国賠訴訟の係属中のため回答を差し控える」という内容を書面でもらっていた。しかし、今回は初めて、警視庁クラブのキャップに対し、口頭で回答があった。「一切ありません」と断言するのであれば、記録に残る書面で回答すべきだろう。

放置された公益通報

２０２４年は内部告発がクローズアップされた年だった。

兵庫県では3月中旬、元県西播磨県民局長（7月に死亡）が、斎藤元彦知事のパワハラなど県政に関する「七つの疑惑」が記された文書を、県議や報道機関などに匿名で送った。斎藤氏は告発者の特定などを県幹部に指示し、3月27日の記者会見では、文書を「嘘八百」と非難した。元局長は4月、告発文書とほぼ同じ内容を県の公益通報窓口に通報した。しかし、県は5

月、文書は「核心的な部分が事実ではなく、誹謗中傷にあたる」と認定し、元局長を停職３カ月の懲戒処分にした。斎藤氏は県議会の不信任決議を受け失職したが、出直し選挙で再選し、「対応は適切だった」と一貫して主張している。

一方、鹿児島県警は5月、北海道在住のフリーの記者に内部文書を送ったとして、前生活安全部長の本田尚志（ほんだたかし）氏を国家公務員法（守秘義務）違反容疑で逮捕した（その後に国家公務員法違反で起訴）。本田氏は、鹿児島簡裁の勾留理由開示手続きで「野川明輝（のがわあきてる）・県警本部長（当時）が県警職員の犯罪行為を隠蔽しようとしたことが許せなかった」と動機を説明した。これに対して、野川氏は隠蔽を否定し、県警は本田氏の行為は公益通報に当たらないと主張している。

兵庫県と鹿児島県警は、内部告発した人を捜し出し、処分していた。「なぜ、おかしいと声を上げた人が、亡くなったり、逮捕されたりしなければならなかったのか」。私はその真相を取材できない状況にもどかしさを感じていた。東京からもう少し近ければ、取材に参加していたに違いない。

特に鹿児島県警の事案に関しては、気になる点があった。本田氏は、退職時に警視正から警視長へ昇任しており、組織内ではノンキャリアの最高ポストにいたはずだ。当然、鹿児島県警の記者クラブに所属する記者や、記者クラブ経験者とは面識があったはずだ。にもかかわらず、遠く離れた北海道まで告発文書を送った。私は取材していないので真相は分からないが、報道された外形的な事実から見れば、記者クラブに所属する報道各社が、県警本部長の隠蔽行為を明らかにしようとした際の告発先になっていない、つまり、信用されていないと感じていた。

そのような中で、私は警視庁のある現職警察官が、内部通報窓口に大川原化工機の捜査の違法性を指摘する公益通報をした事実をつかんだ。記事にするタイミングを見計らっていたが、内部告発が問題化した24年を締めくくる記事として出すことに決めた。大川原化工機の国賠訴訟の結審は12月25日。私は、この日までに記事を出すべく、11月13日に検証アンケート廃棄の記事を掲載した直後から動き出した。

まず公益通報制度について、簡単に説明したい。食品の偽装表示や自動車のリコール隠しといった企業の不祥事が内部告発で明るみに出たことがきっかけで、公益通報者保護法が制定され、06年に施行された。内部告発などの公益通報をした労働者について、通報を理由とした解雇は無効となり、降格や減給といった不利益な取り扱いも禁止される。通報には、事業者への内部通報▽行政機関への通報▽マスコミなどへの外部通報――の3種類があり、それぞれの通報要件を満たせば通報者は保護の対象になる。22年には事業者側に内部通報体制の整備を義務付けた改正法が施行された。要するに、組織内部で不正があると声を上げた人を守り、組織側も通報に適切に対応しなければならないことを定めた法律だ。

消費者庁が定めている公益通報者保護法の指針やその解説によると、企業や行政機関が内部通報を受理した場合、原則調査しなければならない。「正当な理由」があれば調査を免除されるが、解決済みの事案や通報者と連絡が取れず事実確認が困難な場合に限られる。調査する場合は、着手時期や、調査中の進捗状況も適宜知らせるのが望ましいとされている。

今回、私が入手したのは、現職警察官が23年10〜11月に、警視庁の内部通報窓口にＦＡＸで3件の公益通報をした際の計32枚の文書と、警視庁人事1課との間で交わされた計9通のメールだ。

3件の内部通報はいずれも「国家賠償裁判中の大川原化工機事件捜査について、以下の法令違反があったので、内部通報を行います」という文言で始まる。通報内容は、

①大川原化工機の同業者のZ社の聴取結果を記した報告書が、実際には聴取せずにつくられた報告書だった（23年10月18日に通報）
②大川原化工機元取締役の島田順司さんの供述調書を、取調官の安積警部補がシュレッダーで故意に細断したのに、過失だとする報告書がつくられた（23年11月25日に通報）
③噴霧乾燥器L－8iの温度実験で、測定データの一部を除外した報告書がつくられた（23年11月28日に通報）

とするものだ。それぞれ、虚偽有印公文書作成・同行使や犯人隠避などの刑法違反に当たるという内容で、人事1課監察係のＦＡＸ番号に送信されていた。通報者の警察官は匿名だったが、連絡先として私有のメールアドレスを記していた。

人事1課は①は通報の翌日、②は4日後にメールで受理連絡をしたが、③は受理連絡をしなかった。そこで、通報者は24年2月8日、受理の可否や調査状況を問い合わせるメールを送った。人事1課は1カ月以上も経った3月11日に「気付くのが遅くなってしまい、申し訳ありません。情報提供いただいた内容はしっかりと調査させていただきます」と返信した。しかし、この3月のメールを最後に、人事1課から通報者に対し、連絡はないという。

さらに、9通のメールを詳しく見ると、人事1課が匿名で公益通報した警察官に対し、身分

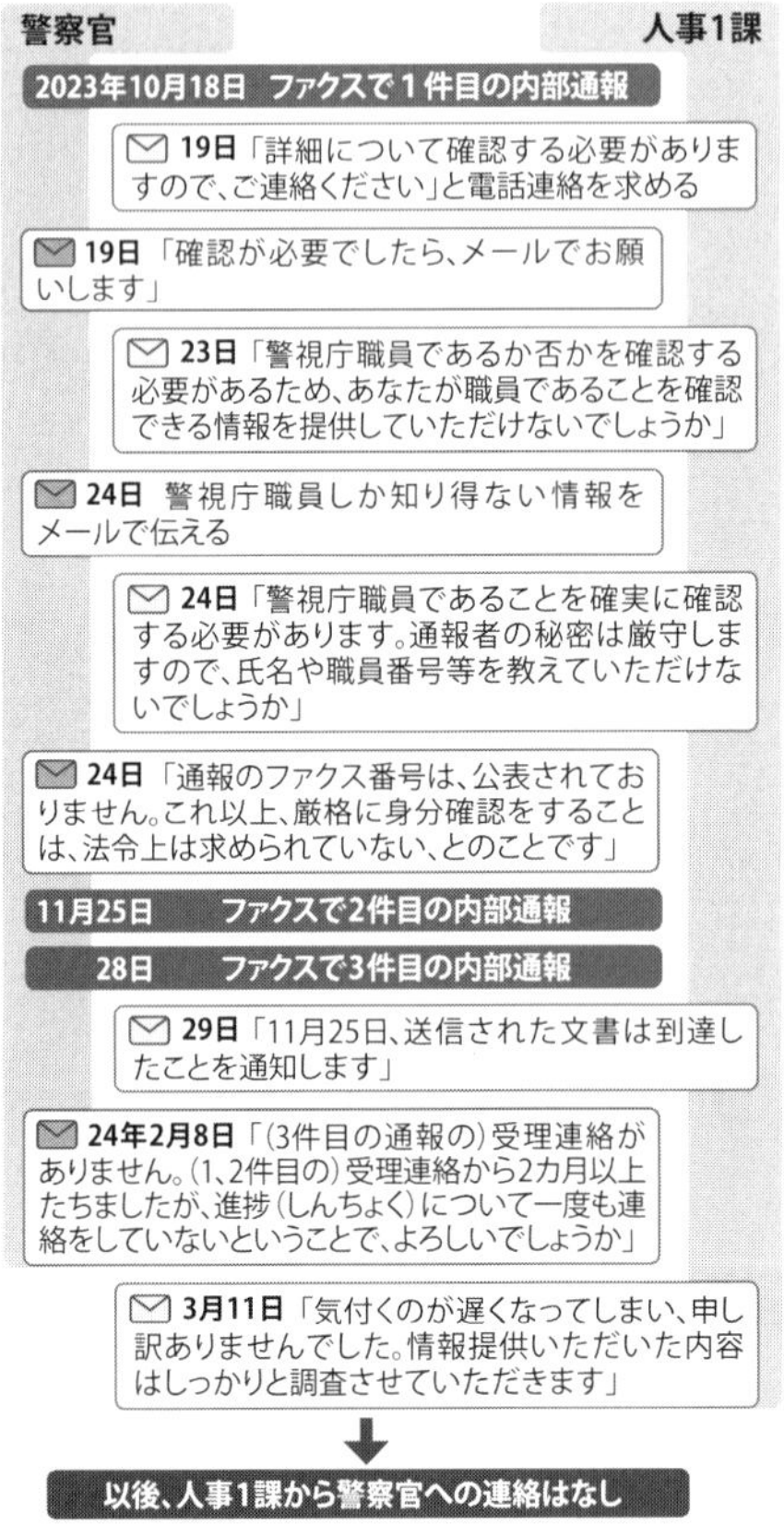

警察官
人事1課
2023年10月18日　ファクスで１件目の内部通報
19日「詳細について確認する必要がありますので、ご連絡ください」と電話連絡を求める
19日「確認が必要でしたら、メールでお願いします」
23日「警視庁職員であるか否かを確認する必要があるため、あなたが職員であることを確認できる情報を提供していただけないでしょうか」
24日　警視庁職員しか知り得ない情報をメールで伝える
24日「警視庁職員であることを確実に確認する必要があります。通報者の秘密は厳守しますので、氏名や職員番号等を教えていただけないでしょうか」
24日「通報のファクス番号は、公表されておりません。これ以上、厳格に身分確認をすることは、法令上は求められていない、とのことです」
11月25日　ファクスで2件目の内部通報
28日　ファクスで3件目の内部通報
29日「11月25日、送信された文書は到達したことを通知します」
24年2月8日「(3件目の通報の)受理連絡がありません。(1、2件目の)受理連絡から2カ月以上たちましたが、進捗(しんちょく)について一度も連絡をしていないということで、よろしいでしょうか」
3月11日「気付くのが遅くなってしまい、申し訳ありませんでした。情報提供いただいた内容はしっかりと調査させていただきます」
以後、人事1課から警察官への連絡はなし

※入手したメールから作成

を明かすよう執拗に迫っていたことが分かった。まず、1件目の内部通報の受理連絡の際に、「詳細について確認する必要があり、ご連絡ください」と人事1課監察係に電話連絡するよう求めた。通報者はすぐに「確認が必要でしたら、メールでお願いします」とメールで返答したが、人事1課は頑なだった。

人事1課は「あなたが警視庁職員であることを確認できる情報を提供していただきたい」（23年10月23日）、「警視庁職員であることを確実に確認する必要がある」（23年10月24日）と繰り返しメールを送り、「秘密は厳守しますので、氏名や職員番号を教えていただけないでしょうか」と求めた。通報者は、警視庁職員しか知り得ない情報を伝えた他、通報窓口のFAX番号が外部に公表されていないことに触れ、「これ以上厳格に身分確認することは法令上求められていない」として拒んだ。ただ、通報者は「（調査が進展し）必要があれば、相談に応じる」ともメールで伝えた。しかし、人事1課は返答しなかった。

公益通報は、①労働者等が、②役務提供先の不正行為を、③不正の目的でなく、④一定の通報先に通報する——という要件を満たす必要がある。①現職警察官が、②大川原化工機の捜査で刑法に違反する行為があったとする内容を、④警視庁の内部通報窓口にFAX送信している。当然、③不正の目的などはない。今回の通報内容やその送り先を見れば、公益通報の要件を満たしていることは明らかだ。また、公益通報者保護法の指針の解説には「公益通報対応の実行性を確保するため、匿名の通報も受け付けることが必要」と記されており、公益通報を実名に限定していない。

私は消費者庁のホームページで公開されている公益通報者保護法や指針、指針の解説などを読み込むうちに、警視庁の対応は法律に反しているのではないかと思うようになっていった。法に基づき行動するはずの警察自身が、法を犯していれば大問題になるのではないか。そこで、見解を聞くために有識者に連絡を取った。

一人目、淑徳大の日野勝吾（ひのしょうご）教授は消費者庁、独立行政法人「国民生活センター」などで勤務経験がある公益通報制度に詳しい大学教授だ。面識がなかったため、アポ取りの電話をかける前にどんな人かを簡単に調べた。朝日新聞のネット記事に次のようなくだりがあった。

「誰もが『おかしいことはおかしい』と声を上げられ、そうした声を真摯に受け止められる社会の形成に向けて、公益通報者保護法の機能と役割を問い直さなければならない。私たちの社会生活は、見も知らぬ通報者の声によって支えられている」

私は、瞬時に今回の話を聞くならばこの人だと思った。なぜなら、私は「おかしいことはおかしいと言えなくなったら、記者としての存在価値はない」と取材先にいつも言っているからだ。

二人目の識者、上智大の奥山俊宏（おくやまとしひろ）教授は、内部告発に詳しい朝日新聞の元記者で、兵庫県議会の百条委員会にも参考人として呼ばれた人だ。記者時代から長官狙撃事件の真犯人とされる中村泰に関心があったといい、私は23年3月に狙撃事件に関する記事を出した後、何回か情報交換したことがあった。

12月上旬にそれぞれの大学の研究室で、2人の教授と話をした。

日野教授によると、公益通報者保護法で鍵になるのが「20日」という期間だという。法律上、通報から20日たっても調査の可否を通知しない場合、通報者がマスコミなどに外部通報をしても、通報を理由とした解雇など不利益な扱いは禁止される。この「20日ルール」があるため、調査の可否は20日以内に通知する必要があると解されるのだ。

日野教授は「通報者にとって調査を開始するかどうかは大きな関心事。調査されないと不正行為が是正される見込みがないと考え、外部通報を検討せざるを得ない。法の趣旨や指針の解説からすると、事業者は通報者に充実した情報提供をすることが求められる」と話す。

人事1課は受理連絡をしたものの、調査の可否について、自ら通報者に連絡していない。通報者が問い合わせて、ようやく「情報提供いただいた内容はしっかりと調査させていただきます」とメールで返しただけである。1件目の通報から145日、3件目の通報から104日も経っていた。人事1課は、「20日ルール」を理解していないようだ。しかも、故意か単なるミスかは分からないが、FAX受信した文書の内容を「内部通報」ではなく、「情報提供」と書いている。

一方、通報者は23年10月24日のメールで「なお、通報日から20日を経過し、具体的な進捗がない場合、『正当な理由なく、調査を行わない』とみなされる場合があります」と人事1課に

わざわざ伝えていた

私は、通報者にこのメールの意図を尋ねた。すると、通報者は「名前を名乗れというやりとりが、人事1課との間で何日も続いていた。私の名前を特定する前に、この情報が20日たったら外部に出ることが、ちゃんと分かっているのか？　という警告のつもりだった」と振り返った。通報者は公益通報制度を十分に調べ上げてから、通報していたのだ。さすが現職警察官である。

警視庁は私の「調査をしたのか」という質問に対し、「内部通報は性質上、通報の有無を前提としてお答えすることはできない」と具体的なコメントをしなかった。「20日ルール」を理解していない警視庁が、通報を受けて調査をしているのかは非常に疑わしい。調査をしていなければ、法律違反になるが、人事1課は24年3月に、「調査をさせていただきます」というメールを一応、通報者に送っている。記事では最も固い部分をとり、「調査の可否を3カ月以上通知せず」、「法律の趣旨に反する」という表現に留めることにした。

また、人事1課は、「20日ルール」だけでなく、匿名通報の取り扱いも理解していない。日野教授は「日本では公益通報の受け手が、『何を通報したか』という内容ではなく、『誰が通報したか』という犯人捜しをする傾向にある」と指摘する。実際、内部告発の犯人捜しは、兵庫県や鹿児島県警でも行われていた。

今回の人事1課の対応については、「通報時点から、通報者を特定しようとする意図が垣間見える。氏名の特定は通報をためらうきっかけになり得る。公益通報者保護法の理解を欠いていると言わざるを得ない」と批判した。そして、「警察の捜査は秘匿性が高く、実態は外部からは分からない。第二、第三の大川原化工機事件が起きないよう、まずは公益通報者の保護を念頭に、自浄作用を向上させる公益通報体制を構築すべきだ」と警鐘を鳴らした。

取材が終わった帰り際、こう言われた。

「どんな組織でも不正があります。不正がない組織なんてないですよ。事実の追求、真相の解明、それを取材し、伝えていくのは、マスコミの使命だと思います」

奥山教授は、現在の日本の公益通報について、「人生を懸けるのも同然の危険を伴う行為になってしまっている」と危機感を募らせる。その上で「通報者は裏切り者ではなく、組織にいながら、おかしいと声を上げてくれる、ありがたい人だと考えなければならない」と意識改革を求めた。

本来はそうなのだ。不正の芽がまだ小さいうちに内部通報によって覚知し、組織としてその芽を摘み取れば、大事にはならない。警視庁にはこの感覚が皆無なのである。捜査を批判する者は、反射的に裏切り者と考える。それはすでに記した、国家賠償請求訴訟の東京都側の最終準備書面（２２９ページ）をみれば明らかだろう。

そもそも、警視庁の内部通報窓口の連絡先はどこにあるのか。警視庁の職員しか見ることのできないポータルサイト内の「総務警務」「報告・届出・相談」などのタブをクリックしていくと「ファミリーホットライン」というタブがある。内部通報窓口の連絡先はその中にあるという。ファミリーホットラインとはよく言ったものである。「家族」が「緊急通報」しているにもかかわらず、「名前を教えろ」と迫り、挙げ句の果てに放置である。

改善策はあるのか。奥山教授によると、米国では司法省を含め各省庁にインスペクターゼネラル（監察総監）を置き、捜査の具体的内容にも踏み込んでＦＢＩ（連邦捜査局）幹部の非違行為の有無を調べているという。「公益通報制度の実効性と組織の自浄作用を高めるためには、監察部門を各都道府県警の本部長の下に置く現状を改めて、その独立性を高める必要がある」と指摘した。

取材は全て済んだ。後は紙面化するだけだったが、年末は原稿が立て込んでおり、なかなか1面トップの枠が空かなかった。これ以上待つと、12月25日の結審に間に合わなくなる。泣く泣く12月24日の朝刊1面2番手に掲載した。その日の1面トップ記事は日産自動車とホンダの統合の話だった。

人事1課は通称「ジンイチ」と呼ばれ、警視庁職員の不正を取り締まる部署で、将来有望な警部補や巡査部長が集まる。場合によっては、職員の尾行などもするという。記事掲載後、通報者の現職警察官は私に言った。

「証拠を付けて、捜査能力も捜査権限もある人事1課に通報した。それでも何もしなかった。

事案が重大であればあるほど、公益通報制度が最後の砦のはずだが、全く機能していない。今の警視庁に人を取り締まる資格はあるのだろうか」

公安警察――組織の失敗の本質とは

大川原化工機側は2度、刑事告発をしている。

1度目は2024年3月、安積警部補が弁解録取書を破棄し（公用文書毀棄）、破棄は過失とする虚偽の報告書を作成した（虚偽有印公文書作成・同行使）とする容疑で、安積警部補と捜査を指揮した宮園警部を告発した。

2度目は翌4月、噴霧乾燥器の温度実験の一部データを削除して、証拠を捏造した（虚偽有印公文書作成・同行使）とする容疑で、実験の報告書を作成した福田巡査部長と宮園警部を告発した。告発先は警視庁刑事部捜査2課だった。告発先は東京地検でもよかったはずだが、なぜ警部補らの〝身内〟でもある捜査2課にしたのか。

1度目の告発状を提出した元取締役の島田順司さんは「私個人として、告発した警察官に罰を与えてくれという思いはありません。ただただ、このような事件を再発してもらいたくない」、2度目の告発状を提出した大川原正明社長は「でっち上げ事件をつくらないように、自浄作用というか、警視庁内で取り上げて検討してほしい」と語った。2人は332日もの間、無実の罪で身体拘束された。この刑事告発には「二度と起きないように警察内部で自ら検証してほしい」という切なる思いが込められているのだ。

捜査2課は24年11月20日、東京地検に3人を書類送検した。しかし、東京地検は25年1月8日、「故意や共謀の認定に疑いがある」という理由で3人を不起訴処分（容疑不十分）にした。大川原化工機側は不起訴を不服として、1月17日と31日に検察審査会に審査を申し立てた。検察審査会は、国民の中から選ばれた審査員が、不起訴が妥当なのかを判断する制度だ。「起訴相当」や「不起訴不当」の議決が出れば、地検は再捜査を迫られる。

17日の申し立て後、私は記者会見に向かう島田さんの姿を霞ケ関駅で見つけ声をかけた。島田さんは言った。

「不起訴になって落ち込んでしまい、気力が出ないんです。今日の会見はなんとか奮い立たせてきました」

地上までの階段を上る島田さんの足取りは重かった。

私はなじみの複数の警察ＯＢに「警察官が弁録を誤って破棄することはあるのか？」と聞いたことがある。いずれも答えは同じだった。

「被疑者が署名・押印した弁録を、警察官が破棄することはあり得ない」

記者会見で、大川原化工機代理人の高田剛弁護士は、「国賠訴訟の1審判決は、3人の裁判官の合議体で弁録の破棄は故意だったと認定している。東京地検は裁判所の認定を誤りだと言っている。検察審査会で民意を問いたい」と訴えた。

公安部に利用された小児科医で大学教授の加納氏（仮名）は、留学経験を踏まえ、不祥事や重大事故が起きた際の日本と米国の違いを次のように語った。

「日本は失敗すると個人の責任にする文化がある。そのため、失敗した個人は真相を語らない。アメリカでは個人の責任追及はしない。なぜそのような失敗が起こったのか、組織のどこに問題があったのかを考える。この文化を変えない限り、日本では同じ失敗が繰り返される」

捜査のどこが問題だったのかを検証し、組織の膿を出し切らない限り、また同じことが繰り返されるのは明らかだ。第二の大川原化工機事件を生まないためにも検証は不可欠なはずだが、警視庁は検証アンケートを廃棄し、立件に不利な捜査メモは残さず、公益通報すら放置するという真逆のことをしているのが現状だ。

警視庁は24年、創立150周年を迎えた。記念式典は、東京都側が控訴した5日後の1月15日に警視庁本部で行われた。

警視庁の創設者で日本警察の父とされる川路利良・初代大警視（現・警視総監）が残した言葉に「声なきに聞き、形なきに見る」がある。「警察官たるものは、声なき声に耳を傾け、表面的、外形的な現象のみにとらわれることなく、奥に隠されたモノを見逃すことなく、真実を暴き出すことが必要である」という意味だ。式典では、小島裕史警視総監（当時）がこの言葉を引用し、「現象の背景にある本質を捉えることを通じ、都民の負託に応えていく」と語った。

しかし、現実はどうか。警察庁長官狙撃事件では、公安部はオウムの犯行という見立てに最後まで固執し、特命捜査班に現場を最も知るはずの秘書官の聴取をさせず、真相解明を阻んだ。大川原化工機事件では、再実験すべきだという捜査員の声を無視し、立件に突き進み冤罪を生んだ。身内の声にすら耳を貸さない組織が、市民の「声なき声」に耳を傾けられるはずがない。また、両事件に共通する見立てに沿わないマイナス証拠を排除する捜査は、真実を暴き出すこととは対極にある。川路大警視は、今の警視庁の姿を見て、何を思うだろうか。

「根底にあるのは誤った過剰な正義感と先々に語る『あの事件は俺がやった』という功名心」

ある元警視総監は大川原化工機の捜査について、こう批判した。強引かつ杜撰な捜査で立件を推し進めた個々の捜査員を端的に表した言葉だろう。ただ、失敗の本質はもっと根深いところにあるように思えてならない。それは組織としての意思決定だ。

捜査当時、警察の上層部には、厳選された都合のいい情報だけが伝わっていたのかもしれない。しかし、これまでの国賠訴訟やマスコミ報道を通じ、この捜査の実態を誰もが知ったはずだ。にもかかわらず、訴訟を指揮する警視庁公安部と警察庁外事情報部は、捜査の非を認めず、組織を守ることに決めた。これは国賠訴訟の主張をみれば明らかだ。1審で敗訴した東京都側は、控訴審で若手から中堅の9人もの捜査員を証人申請した（採用されたのは2人）。申請の理由は、相嶋さんの生前の最低温度箇所の指摘、島田さんに対する取り調べの違法認定、「聴取報告書は作文だ」とする4人の有識者の陳述書を覆すためだった。

当初、数人の捜査員の欲や功名心から始まった捜査は、今では、組織を挙げて、死者に鞭打ち、相嶋さんの遺族を傷つけ、島田さんを失望させ、捜査に協力した有識者らを蔑ろにし、あまつさえ、自身の将来を捨てる覚悟で捜査の問題点を法廷で証言したであろう警部補3人を全否定する事態に発展した。

この組織としての意思決定は、長官狙撃事件も同じだ。被害者である國松孝次氏をはじめ、警視庁、警察庁の元幹部らは、未解決で捜査が失敗したにもかかわらずオウムのテロと断定した時効会見を軒並み批判している。オウムの後継団体に起こされた名誉毀損訴訟では、敗訴が確定しても誰一人責任を取らず、なぜ、あのような会見に至ったのか、検証しようともしない。

組織に忠誠を尽くすのが警察官だ。優先されるのは個より組織。警視庁という巨大組織の意思決定の中では、個人や小さな集団が声を上げても、簡単にかき消されてしまう。それは、警察庁長官狙撃事件では中村泰の立件を目指した特命捜査班であり、大川原化工機事件では立件を止めようとした捜査員たちだ。

組織の意思決定が正しければ何も問題はない。ただ、間違っていた場合どうなるか。それが如実に表れたのが、公安警察による、二つの事件、警察庁長官狙撃事件と大川原化工機事件の捜査だったと言えるだろう。

おわりに

静岡地裁は2024年9月、1966年に静岡県で一家4人が殺害された事件で、死刑が確定した袴田巌さんに対するやり直しの裁判（再審）で、無罪判決を言い渡した。判決は、捜査機関が「5点の衣類」「ズボンの端切れ」「自白調書」の三つの証拠を捏造したと認定した。検察側は控訴せず、無罪が確定し、袴田さんは逮捕から58年を経て、「死刑囚」の立場から完全に解放された。10月に静岡県警本部長が、11月には静岡地検検事正が袴田さんに直接謝罪した。12月には、不十分という批判の声はあるものの、静岡県警と最高検が検証結果を公表した。

大川原化工機事件を巡り、私は23年12月から2～3カ月に一度のペースで捜査の問題点を指摘する記事を紙面に掲載してきた。検証アンケートの廃棄、内部公益通報の放置などは、民間企業で発覚すれば、会社の存続が危ぶまれる事態に発展しているだろう。しかし、何をしようが潰れることのない警視庁は意に介す様子は一切ない。国家賠償請求訴訟の控訴審で、法廷で捜査を批判した警部補3人を「壮大な虚構」と総括した主張を見ても、警視庁は、反省する気も、検証する気も全くないことが分かる。これが法に基づき、日本の首都を守る警察のやることなのだろうか。私は、警視庁の暴走を止められるのは、司法による「捏造認定」しかないと考えている。国賠訴訟の控訴審判決は25年5月28日に言い渡される。第二の大川原化工機事件は絶対に起こしてはならない。大川原化工機の関係者だけでなく、国民のためにも、再発防止を促す司法判断が望まれる。

警察だけではない。我々メディアにも大きな問題がある。国際ＮＧＯ「国境なき記者団」が発表した24年の「報道の自由度ランキング」で日本は70位で、主要７カ国では最下位。記者クラブ制度がメディアの自己検閲につながっていると分析されている。

大川原正明社長は20年３月の逮捕時、横浜市栄区の当時の自宅から、横浜市都筑区にある本社に連れて行かれ、２時間ほど待機させられた。そして、報道各社のテレビカメラがそろってから、社長を乗せた捜査車両は警視庁へ向かった。ある捜査関係者は「上層部は『マスコミを使い、大川原化工機に悪印象を与えよう』と言っていた」と語った。この時の映像は多くのメディアで繰り返し報道された。

注目事件では、容疑者の画像や映像が社会的関心事だ。メディアにとっても必要な報道であるが、こうした便宜供与は程度の差はあれ、各地の警察で行われている。日頃から、記者クラブで便宜供与という名の「アメ」を受け取っていると、当局に飼い慣らされてしまう。つまり、不祥事などの警察にとって都合の悪い話があっても、警察幹部から一言、「ちょっと抑えてよ。今度いい話、他社より先に書かせてあげるから」などと耳打ちされれば、簡単に追及の手を緩めてしまうのが、飼い慣らされた記者の実情だろう。

大川原化工機の国賠訴訟では、現職警察官が「捏造」とまで言い切り、１審・東京地裁判決は公安部と東京地検の捜査を違法と認定した。今回の事案は他に類をみない警視庁の不祥事であり、本来ならば、「アメ」は投げ返して、取材に取りかからなければならない。しかし、現実はどうか。他社の記者から、「警視庁と記者クラブの関係があるため、うちの社では毎日新聞のような報道はできない」と言われたことがある。報道の出方も踏まえると、多くの社は大川原化工機側や裁判の取材はするものの、捜査そのものに関する取材には消極的だった。その一因として、警視庁との摩擦を恐れたこともあるだろう。これでは当局の思うつぼだ。

私は記者を続ける中で、改めてメディアの一番の役割は「権力の監視」にあると思うようになった。誰もがおかしいことはおかしいと言える社会、おかしいと訴えた人が組織や権力に潰されない社会がまっとうだ。メディア不信が吹き荒れる昨今、私のような一記者にできることは何か。それは、地道に取材をして組織や権力が隠している事実をつかみ、ひるむことなく権力と対峙することだと思っている。私は「闘う記者」であり続けたい。

本書を書くに当たっては、多くの関係者にご協力いただいた。長官狙撃事件に関しては、特命捜査班の班長だった原雄一氏や元秘書官の田盛正幸氏をはじめ、公安部の元捜査員や歴代の警察幹部の方々が、当時の捜査の実態を話してくれたおかげで、真相に迫ることができた。深くお礼を申し上げたい。そして、取材のきっかけとなった大城氏。大城氏が、あの日、私に電話をかけてこなければ、長官狙撃事件は元より、大川原化工機事件もここまで追うことはなかっただろう。

大川原化工機事件に関しては、警察官としての正義感から、組織での自身の立場を顧みずに法廷で証言したと思われる濵﨑警部補、時友警部補、夫馬警部補の3人に、この場を借りて心から敬意を表したい。また、名前を明かすことはできないが、私の取材に応じてくれた捜査関係者の方々にも、改めてお礼を申し上げたい。

私は長官狙撃事件の取材を始めた際、警視庁の警察官は現職、OBも含め、誰一人として知らなかった。社内の人は協力してくれるどころか、記事化に反対する人が多かった。在京メディアにいながら、警視庁と対峙することの難しさ、警視庁と記者クラブの長年にわたるいびつな関係を痛感する日々を送っていた。二つの事件を追い続けられたのは、ひとえに捜査に携わった人たちの熱意と悔しさに、心が揺さぶられたからだ。

公安警察の捜査を批判してきたが、私は警察官が好きである。現場の警察官を蔑ろにする組織がどうしても許せないのである。ひとたび、事件や事故に巻き込まれた際、国民の誰もが真っ先に頼るのは間違いなく警察だ。警察だけは正義であってほしいのだ。

大川原化工機の大川原正明社長や社員の方々、元取締役の島田順司さん、相嶋静夫さんのご遺族には何度も話を伺わせていただいた。国賠訴訟が決着し、一日も早く、平穏な日々が送れることを願っている。

2025年1月

遠藤浩二

付録

警察庁長官狙撃事件を巡るおもな出来事

1956年11月	中村泰・元受刑者（以下、中村）が、東京都武蔵野市で職務質問を受けた際、警視庁巡査（当時22歳）を射殺。57年3月に出頭し、殺人容疑で逮捕。その後、無期懲役の判決を受け、千葉刑務所に収監
1976年3月	中村が千葉刑務所から仮釈放。以後、弟には会う度に「警察のトップを襲撃する」と話す
1987年9月	中村が偽造パスポートで渡米し、米カルフォルニア州サウスゲートの銃砲店でコルト・パイソンを購入
1993年7月	大城択矢（仮名、以下、大城）が米国に旅行。ロサンゼルスの郵便局で中村と会い、連絡先を交換。以後、日本でも会うようになる
1995年3月中旬	大城が中村から「5万円で運転のアルバイトをしてほしい」と頼まれる
20日	地下鉄サリン事件発生
22日	警視庁が1都2県のオウム真理教関連施設の一斉捜索を実施
30日	國松孝次・警察庁長官狙撃事件発生。大城は中村を乗せて現場付近からJR西日暮里駅まで運転
1996年春頃	大城と中村は、ロサンゼルスやサンディエゴの射撃場に通い親交を深める
4月	警視庁公安部がオウム信者のK巡査長の極秘取り調べを開始。5月に自供
10月	K巡査長が「長官を狙撃した」と自供していたことがマスコミ報道で発覚。K巡査長は96年11月に懲戒免職
11月頃	大城が中村から「長官狙撃後の逃走を手伝ってもらった」と明かされる
1997年6月	東京地検が狙撃事件に関してK元巡査長の立件を見送る
2002年3月	警視庁がK元巡査長の取り調べを再開

11月	中村が名古屋市で現金輸送車襲撃事件を起こし、愛知県警に現行犯逮捕される
2003年7～8月	警視庁捜査1課、愛知県警、大阪府警が合同で、三重県内の中村の知人宅、東京と大阪の貸金庫を捜索。大量の拳銃や実包、狙撃事件をほのめかす内容の詩などが見つかり、中村が狙撃事件の容疑者として浮上
2004年6月	大阪府警が01年に大阪市で起きた現金輸送車襲撃事件で中村を強盗殺人未遂容疑で再逮捕
7月7日	警視庁捜査本部が長官狙撃事件の「支援役」として、K元巡査長と教団元幹部2人を殺人未遂容疑で逮捕(いずれも9月に容疑不十分で不起訴)。中村が刑事部捜査1課の捜査員に、犯人しか知り得ないような情報を語る
10月	名古屋市の現金輸送車襲撃事件に関し、最高裁が上告を棄却。懲役15年の名古屋高裁判決(04年3月)が確定
2005年3月	中村が犯行の関与について「否定も肯定もしない」と曖昧な立場を堅持したため、捜査1課の取り調べは中断
2007年3月	佐久間正法・捜査1課長の指示で中村の取り調べ再開
2008年3月	中村の長官狙撃事件に関する自白調書が初めて作成される
5月	中村の取り調べと裏付け捜査のため、警視庁が特命捜査班(班長・原雄一氏)を結成。結成当時は捜査1課5人、公安1課3人の8人体制
6月	大阪市の現金輸送車襲撃事件に関し、最高裁が上告を棄却。無期懲役の大阪高裁判決(07年12月)が確定
2009年10月	中村の犯人性を検討する会議が開かれる。青木五郎・公安部長が特命班に対し、「立件を目指す捜査は困るが、更に捜査を突き詰めていただきたい」と述べる
2010年1月	米村敏朗・警視総監が退任。福本茂伸・公安部参事官に「時効の際、これまでオウムで捜査してきたことは間違っていなかったと言いたい」と伝える

2010年2～3月	特命班が大城を４日間参考人聴取するが、関与を否定
3月30日	狙撃事件が公訴時効を迎える。未解決にもかかわらず、青木公安部長が記者会見で「オウムの組織的・計画的テロ」と述べる。オウム信者８人の犯行時の役割を列挙したＡ４判16ページの捜査結果概要を公表
2011年2月	警視庁が初動捜査やＫ元巡査長の取り調べに不備があったとする捜査検証報告書を公表
5月	オウム真理教の後継団体アレフが、狙撃事件はオウムの組織的テロと公表したことは名誉毀損に当たるとして、東京都と池田克彦・警視総監に計５０００万円の損害賠償と警視庁玄関での謝罪文提示を求めて提訴
2013年1月	東京地裁が都に１００万円の賠償とアレフへの謝罪文交付を命じる。「無罪推定の原則に反するばかりでなく、刑事司法制度の基本原則を根底からゆるがす」と批判
11月	東京高裁が都に１００万円の賠償を命じる。「１審判決が報道され、アレフの社会的評価は一定程度回復した」として、謝罪文の交付は取り消す
2014年4月	最高裁がアレフ側の上告棄却。東京高裁判決が確定
2019年9月	大城が筆者に「狙撃事件に関して警視庁から聴取を受けたことがある」と話す
2021年6月	誤嚥性肺炎を発症した中村が、岐阜刑務所から東京都昭島市の医療刑務所に移送される
2022年4月	大城が筆者に狙撃事件の詳細を話す
2024年5月	中村が誤嚥性肺炎で死去、享年94

＊入手した特命捜査班の捜査資料や関係者への取材を基に作成

大川原化工機事件を巡る捜査や訴訟の経過

2012年	噴霧乾燥器が国際的に輸出規制の対象となる
2013年10月	噴霧乾燥器が国内で輸出規制の対象となる
2015年12月	大川原化工機に対し、同業者X社が噴霧乾燥器のノズル部分の特許を巡って提訴
2016年6月2日	大川原化工機が噴霧乾燥器「RL-5」を中国へ輸出
2017年春	警視庁公安部の捜査員が一般財団法人「安全保障貿易情報センター」の講習会に参加。噴霧乾燥器が輸出規制の対象になったことを知り、公安部が捜査を開始
5月	公安部が噴霧乾燥器や輸出規制について大学教授らの聴取を始める
10月	公安部が経済産業省との打ち合わせ内容を記したメモをつくる。18年2月までに13通が作成される。経産省の担当者が「この省令には欠陥があるとしか言いようがない」と公安部の捜査員に述べる(10月27日)
12月4、12、25日	公安部が同業者Z社から噴霧乾燥器「RL-5」の最低温度箇所を3回にわたり聴取。聞く度に最低温度箇所が変遷
27日	公安部が噴霧乾燥器「RL-5」の温度実験を関東地方の中古機械販売業者で実施。18年3月22日にもこの業者で実験。ただ、機械は売り物で、途中で焦げた臭いもしたため、限界まで温度を上げられず
2018年1月26日	経産省の担当者が「これ以上係員レベルで話をしても平行線」と公安部の捜査員に述べる
2月8日	経産省の担当者が「公安部長が盛り上がっているというのは耳に入ってきている」「ガサ(家宅捜索)をするのは構わない」と公安部の捜査員に述べ、捜査に消極的な従来の方針を一転させる

2018年2月21日	大川原化工機が噴霧乾燥器「L-8i」を韓国へ輸出
7月11日	公安部が噴霧乾燥器「RL-5」の温度実験を関西地方の化学メーカーで実施
8月3日	公安部が噴霧乾燥器「RL-5」が輸出規制品に当たるかを経産省に照会。添付資料として、大学教授ら4人の聴取報告書、3回の実験結果の報告書、Z社の聴取報告書などを提出
10日	経産省が「添付資料の内容を前提とすれば」と前置きした上で、輸出規制品に「該当すると思われる」と公安部に回答
10月3日	公安部が大川原化工機の関係先に家宅捜索
12月	公安部が大川原化工機の従業員の取り調べを始める。従業員3人が「測定口」と呼ばれる箇所の温度が上がらないと指摘
2019年1月28日	大川原化工機顧問の相嶋静夫さんが、大川原正明社長らに、警察から聴取を受けた際に複数の箇所を挙げた上で「温度の低い箇所があるため、完全な殺菌はできないと話しました」とメールで伝える
4月11、12日	噴霧乾燥器「L-8i」の温度実験を大阪に本社がある化学メーカーの工場で実施。3カ所測定し、製品回収容器の温度が上がらず
5月9日	噴霧乾燥器「L-8i」の温度実験を関東地方のサプリメント製造会社で実施。3カ所測定し、製品回収容器の温度が上がらず。回収容器を装置外部と見なす方針を決める
5月15日	福田巡査部長が、回収容器を除外し、測定したのは2カ所とする実験結果報告書を作成
5月下旬	噴霧乾燥器「L-8i」の温度実験を中部地方の大学で実施。防火ダンパーのヒューズが飛び、実験失敗
7月4日	公安部が同業者Z社から噴霧乾燥器「L-8i」の最低温度箇所を聞いたとする聴取報告書を作成。聴取日は翌日の5日となっていた。5日に聴取に行ったのか疑義が生じる

26日	噴霧乾燥器「L－8ｉ」が輸出規制品に当たるかを経産省に照会。添付資料として、4人の大学教授らの聴取報告書、福田巡査部長が作成した実験結果報告書、Z社の聴取報告書などを提出
8月9日	経産省が「添付資料の内容を前提とすれば」と前置きした上で、輸出規制品に「該当すると思われる」と公安部に回答
2020年3月11日	噴霧乾燥器「RL－5」を不正に輸出した疑いで、公安部が大川原社長ら3人を逮捕。逮捕された取締役の島田順司さんの弁解録取書（弁録）を安積警部補がシュレッダーで細断
23日	安積警部補の取り調べを補助していた山川巡査部長が、酒席で同僚3人（いずれも巡査部長）に取調室で起きた出来事を漏らす
24日	酒席にいた巡査部長が上司の時友警部補に報告。弁録破棄が公安部内で明るみに出て、内部調査が始まる。後日、警部補4人が渡辺誠管理官（警視）に「ちゃんと調べてください」と直談判するが、管理官は取り合わず
	時友警部補が東京地検の塚部貴子検事に捜査の問題点を伝えにいく。塚部検事は「不安になってきた。大丈夫か」と話す
25日	安積警部補が、弁録破棄の経緯を記した報告書を作成。破棄は過失とする内容。同日以降に、この報告書を見た山川巡査部長が「完全なる虚偽報告」「どっちが犯罪者か分からん」などとコメントを付けて批判する文書を作成。しかし、完成版の報告書では破棄は過失のまま
28日	大川原化工機の技術者、武村さん（仮名）が、静岡県富士宮市の研究所で反証実験を開始。21年7月までに72回の実験
31日	東京地検が社長ら3人を起訴
5月26日	噴霧乾燥器「L－8ｉ」を不正に輸出した疑いで、公安部が社長ら3人を再逮捕
6月15日	東京地検が社長ら3人を追起訴

2020年10月	逮捕、起訴された相嶋さんが、拘置所内で胃がんが判明。亡くなるまで計8回保釈請求するが、裁判所は認めず。11月5日以降は勾留が執行停止となり、病院や自宅で過ごす
2021年2月5日	社長と島田さんの保釈請求が6回目にして裁判所に認められ３３２日ぶりに保釈される
7日	勾留執行停止中の相嶋さんが進行胃がんで死去。享年72
7月21日	東京地検が起訴を取り消すことを公安部に伝える。理由の一つは「『意図的に立件方向にねじ曲げた』という解釈を裁判官にされるリスクがある」
30日	東京地検が初公判4日前に起訴を取り消す
8月2日	社長と島田さんが約５００日ぶりに横浜市の本社に出社する
8月	公安部外事1課が捜査に従事した警察官に対し、検証アンケートを実施（回答期限は8月27日）。アンケート実施を聞きつけた警察庁外事情報部長の近藤知尚氏が、外事1課長の佐藤快孝氏を叱責し、佐藤氏は近藤氏に「アンケートは廃棄した」と報告。ただ、アンケートは机に秘密裏に保管され、後任の課長に引き継がれる
9月8日	大川原化工機側が5億円超の国家賠償を求めて東京都と国を東京地裁に提訴
12月7日	起訴取り消しに伴い、東京地裁が大川原社長、島田さん、相嶋さんの遺族に計１１３０万円の刑事補償を支払う決定
2022年8月頃	外事1課長の永島拓氏が、検証アンケートを廃棄
2023年6月30日	国賠訴訟の証人尋問で、公安部の濵﨑警部補が「事件は捏造」、時友警部補が「捜査幹部がマイナス証拠を全て取り上げなかった」と捜査を批判
7月6日	警察庁がウェブ上の警察白書から大川原化工機に関する記載を削除。大川原化工機側は22年8月から削除を求めていた
27日	外事1課が、大川原化工機を立件したことで授与された警察庁長官賞と警視総監賞を返納

10～11月	警視庁の現職警察官が、内部通報窓口の人事1課に3件の公益通報。24年3月に「調査する」と連絡はあったものの、その後、一切連絡なし
12月27日	東京地裁が公安部と東京地検の捜査の違法性を認め、都と国に総額約1億6200万円の賠償を命じる判決
2024年1月10日	都・国、大川原化工機側の双方が1審判決を不服として、控訴
3月25日	弁録破棄は公用文書毀棄罪、破棄は過失とした報告書の作成は虚偽有印公文書作成・同行使罪に当たるとして、大川原化工機側が安積警部補と宮園勇人係長（警部）を警視庁捜査2課に刑事告発
4月2日	公安部が実施した噴霧乾燥器「L-8i」の温度実験について、一部データを除外して報告書を作成したのは虚偽有印公文書作成・同行使罪に当たるとして、報告書を作成した福田巡査部長と、宮園係長を大川原化工機側が警視庁捜査2課に刑事告発
10月9日	国賠訴訟控訴審の証人尋問で、夫馬警部補が「立件したのは、決定権を持っている人の欲」などと捜査を批判。公の法廷で捜査を批判した現職警察官は3人目
11月20日	警視庁捜査2課が、宮園係長、安積警部補、福田巡査部長の3人を東京地検に書類送検
12月25日	国賠訴訟の控訴審が結審。東京都側は最終準備書面で、捜査を批判した3人の警部補の証言を「臆測」「推論」「虚構」などという言葉を使って批判
2025年1月8日	書類送検された3人ついて、東京地検が不起訴処分（容疑不十分）
1月17、31日	大川原化工機側が3人の不起訴処分を不服として検察審査会に申し立て
5月28日	東京高裁で控訴審判決の言い渡し

＊訴訟記録や関係者への取材、入手した内部資料などを基に作成。警部補以下は名字のみを記載

警察庁長官狙撃事件
支援者・大城択矢（仮名）の告白（全文）

【生い立ち】

私は１９７３年に関西で生まれました。高校を中退後、自衛隊に入りました。最初に訓練を受けた駐屯地では、体力測定や小銃の分解の速さでは３本の指に入っていました。訓練だけでは物足りず、訓練後に走っていました。教育隊から一般部隊に移った後で、小銃がなくなるなどの不祥事がありました。私は自衛隊のレベルの低さに失望して、辞めました。

その後１年間、アルバイトをしてお金を貯め、１９９３年６月に渡米しました。アメリカの海兵隊に入ろうと思っていましたが、日本国籍では無理だということを渡米してから知りました。この時の旅行は６週間です。８月の盆明けに帰国しました。カヤックの面白さに魅せられ、テネシーのボート学校に３週間ほど通いました。その後、ソルトレークシティーに１週間、ロサンゼルスに１週間、シアトルに１週間滞在しました。

【中村との出会い】

この旅行でロサンゼルスに滞在中、中村（泰）さんと初めて出会いました。１９９３年の７月下旬だったと思います。私はロサンゼルスのハリウッドのＹＭＣＡに泊まっていました。北隣に

LGBTセンターがあるところです。YMCAがあったシュレーダー通りの1筋東の角に郵便局がありました。私は円高を利用して、リーバイスのジーパンなどの衣類を買い込んで毎日、日本に郵送していました。当時、ロサンゼルスではジーパンは17ドル99セントで購入できましたが、日本では7000円ぐらいで売られていました。郵便局の窓口は私と同じように並行輸入する日本人らで長蛇の列になっており、日本人がいたら声をかけていました。

その中の一人に中村さんがいました。中村さんは当時、「小林」と名乗っており、貿易の仕事を個人でしていると言っていました。中村さんも毎日のように郵便局に来ていました。私は、アメリカに移住したいという気持ちがあり、アメリカに拠点を持って仕事をしている日本人と仲良くなりたいという思いがありました。中村さんとは、YMCAの食堂で話をするなどし、自衛隊を辞めたことや、海外で生活したいということを伝えました。連絡先も交換しました。ロサンゼルスには1週間ほど滞在していました。

私は日本に帰国後、1993年12月に東京に行く用事があり、その時、東京にいた中村さんに連絡をして会いました。日本で中村さんと最初に会ったのはこの時になります。

【1995年（狙撃事件前）】

1995年の阪神・淡路大震災の2日後の1月19日に再びロサンゼルスに行きました。3月の上旬に帰ってきました。正確な日付は覚えていませんが、3月10日頃だったと思います。旅行でお金を使い果たしました。4月10日がクレジットカードの支払いの期限だったのですが、お金がありませんでした。そこで東京に行ってお金を貯めることにしました。東京にはオートバイで行きました。

出発する前に、東京にいる中村さんに電話をしました。連絡したのは3月10〜15日ぐらいだったと思います。「4月10日にクレジットカードの支払いをしなければならず、東京にお金をつくりに行く」と伝えると、「それなら手伝ってほしいことがある」と言われました。「5万円を渡すから車の運転をしてほしい。荷物を運びたい」とのことでした。短時間の運転で5万円もらえるのは割のいい仕事だと思い、仕事を引き受けることにしました。

当時は、「オレンジカード」と呼ばれる1万円で1万500円分の切符を買えるプリペードカードがあり、金券ショップでは9500円で売っていました。金券ショップでプリペードカードを買い、駅の発券機で切符を購入し、すぐに窓口で駅員に「間違えて買ってしまった」と言い、払い戻しを受けるということを繰り返しました。この方法で、プリペイドカード1枚あたり1000円の利益を得ることができます。一日乗り放題の「都区内パス」を利用し、23区内のあらゆる駅の窓口で朝から晩まで払い戻しを続けました。オレンジカードは都内の金券ショップを回って買い占めました。私は1日2万円ほど稼いでいました。

【1995年（狙撃事件当日）】

東京の滞在中に拠点にしていたのはJR中央線荻窪（おぎくぼ）駅西口のカプセルホテルでした。オートバイはカプセルホテルの前に置きっぱなしにしていました。3月30日は荻窪駅から西日暮里駅に電車で向かいました。その日は雨が降っていました。朝の何時集合だったかは覚えていませんが、早かったのは覚えています。西日暮里駅に着くと、中村さんは軽乗用車で来ていました。軽乗用車は白色だったと思いますが、車種などは覚えていません。私は軽乗用車の助手席に乗り込むと、すぐに中村さんは5万円をくれました。中村さんの運転でNTT荒川支店まで行きました。中村さんは「左に曲がってそのまま出られるから」と言い、荒川支店の駐車場に止めました。中村さんは「話をしてくるから、ちょっと時間がかかる」と言って、車の外に出て行きました。私は助手席から運転席に移動し、中村さんを待ちました。毎日、朝から晩まで切符の払い戻しをしていたため、車内では疲れてうとうとしていたと思います。1時間ほど経った後に、コンコンとノックされ、「終わったから行こうか」と言われました。特に急いでいるという感じではなく、平然としていたと思います。

中村さんは助手席に座り、「新宿の方に行ってほしい」と言いました。荒川支店の駐車場から出て、西に向かいました。私は当時、土地勘がなく中村さんの指示通りに運転をしました。道が混んでいたため、中村さんは「もうここでいい。電車の方が早い」と言い、西日暮里駅で降りました。私は軽乗用車を西日暮里駅近くの駐車場に止めました。中村さんと別れた後、中村さんからもらった5万円で、上野駅や新橋駅の金券ショップにオレンジカードを仕入れに行きました。その後、同じように切符の払い戻し作業を続けました。その日の夜に新宿駅西口の地下のロータリーで中村さんと会い、車の鍵を返しました。

当時の中村さんの服装やバッグの有無などは全く記憶にありません。拳銃を持っていたことも知りません。何の仕事をしてきたかも聞きませんでした。

中村さんは「共犯者と下見に行った」と言っているようですが、私は一切下見をしていません。「共犯者がゴールドクレストの鉢植えを置き、自転車も調達した」と言っているようですが、私はそんなことはしていません。そもそも当時は、長官狙撃事件の逃走を手伝うという話は一切聞いておらず、5万円で運転を手伝うバイトという感覚しかありませんでした。50万円の仕事なら、覚醒剤の運搬などのまずい仕事だと分かりますが、5万円だったので特に疑問には思いませんでした。私は当時22歳でした。警察庁長官を狙撃すると事前に聞いていたら、絶対に関わっていません。警察に連絡していたと思います。

【狙撃事件後】

その後も中村さんと交流を続けました。1996年頃からは、2人でアメリカの射撃場に行くようになりました。私と中村さんが本当に親しくなったのは狙撃事件の後になります。ロサンゼルス、サンディエゴ、アーバンなどの射撃場に行きました。アメリカは車で走っていれば至る所に射撃場があります。中村さんの射撃は上手でした。肘が伸びていて訓練を受けた人の撃ち方でした。アメリカでは中村さんの銃を借りて撃ったこともあります。中村さんは名張（三重県）でハヤシと拳銃の試し撃ちをしたと言っているようですが、私は日本で銃を撃ったことはありません。いくら名張でも拳銃を撃ったらばれると思います。

私が中村さんと交流を続けていたのは、貿易関係の仕事をしていた中村さんからアメリカで稼ぐ方法を学びたいという気持ちがありました。私は1996年頃から、ロサンゼルスで日本人相手に白タクの営業を始めました。空港から下りてきた日本人に声をかけ、街の案内をしていました。1996年7~8月にあったアトランタオリンピックに行きたいと思いましたが、チケットが取れず、結局見に行けませんでした。

【中村からの犯行告白】

1996年の11月頃だったと思いますが、東京で中村さんと会って、ご飯を食べました。場所は新宿のレストランだったと思います。その時に「國松長官を撃った事件に関わってしまっている。あの時だ。知らなかったと言えばいい。お金につられてやったんだから心配ない」と打ち明けられました。その時は非常に驚きました。中村さんは「なんで長官を撃ったか分かるか?」と聞いてきました。私は全く分かりませんでした。中村さんは「警官を射殺して、刑務所に入り、人生を台無しにされたから。警察に恨みがあった」と言っていました。取り調べをした刑事に復讐するというのならば理解できますが、警察に恨みがあるから長官を撃つという理屈はよく理解できませんでした。「警察はトップの方針で、誘導をしたり、脅したりして被疑者に自白させる」というようなことを言っていました。

事件当時、私が東京に行っていたということも限られた人しか知りません。また、私たちに捜査の手は全く伸びていませんでした。黙っていようと思いました。誰かに言っても自分自身の立場がまずくなるだけだと思いました。警察に「金をもらって手伝っただけ」と言っても信じてくれるか分からないという思いもありました。

私は日本にいる時はアルバイトを五つほど掛け持ちし、新聞やテレビのニュースは見ていませんでした。1996年10月に神田川を捜索していたことも知りませんでした。犯行を打ち明けられてから少し経った後、中村さんに神田川の捜索やK巡査長の新聞記事を見せられたことがあります。中村さんは「神田川に拳銃があるわけない。拳銃を探すために神田川を探して警察はバカだな」「オウムがやったとか、Kという警察官がやったとかいう話だから、完全に捜査が明後日の方向を向いている」と言っていました。

中村さんが2002年11月に名古屋の現金輸送車襲撃事件で逮捕されるまで、年に2、3回のペースで会っていました。中村さんは会う度に長官狙撃事件のことを話していました。「オウムでいくということだから捕まることはないよ」と言っていました。手紙のやりとりも頻繁にしていました。中村さんが警察に供述した動機である「オウムの犯行と見せかけ、オウム捜査を加速させる」というのは本人の口から一度も聞いたことがありません。これは全部後付けの動機だと思います。私には「警察に恨みがあった」とずっと言っていました。名古屋の事件で逮捕されなければ、狙撃事件のことは自供しなかったと思います。無期懲役で一生刑務所から出られないと分かったので、単なる現金輸送車襲撃事件の犯人のままで終わるのが嫌で事件のことを話し出したのだと思います。逮捕された中村さんには時間がたくさんあったので、オウムに関連付けた動機を創作したのでしょう。

【大阪拘置所、京都刑務所】

私は傷害事件を起こし、中村さんがいた大阪拘置所に収容されました。中村さんはほぼ毎日、警視庁の捜査員の取り調べを受けていました。私の房の前を厚さ15センチほどの書類の束を持って通っていたので、すぐに同じフロアだと気づきました。中島という名前の、顔の濃い衛生夫をしていた受刑者に、中村さんにメモを渡してもらいました。京都府内のアパートの住所が書かれたメモです。私が出た後はここに連絡してほしいというメッセージでした。衛生夫に渡すメモとは別に、私と中村さんは手紙でやりとりしました。拘置所にいる人同士でも、切手を貼れば手紙でやりとりすることができます。老人の中村さんと堅気の私なので誰も気にも留めなかったと思います。

2010年、京都刑務所にいた時、警視庁の捜査員がきました。狙撃事件のことで警察がいつかは来るかもしれないとずっと心配していました。話を切り出された時、「ついに来た」と思い、かなり動揺しました。しかし、ここで喋ってしまったら、長く刑務所に入ることになり、人生が終わってしまうと思いました。適当にごまかしました。

【事件を振り返って】

私は中村さんにいいように使われた駒でした。中村さんは生粋の犯罪者です。普通の人は、拳銃で人を撃ったりはしません。中村さんに関わった人はみんな駒だと思います。中村さんとはつながっているけど、駒同士は全くつながっていません。犯罪をする場合、何も知らないまま手伝わせるのが一番です。犯罪する際に具体的な計画を先に話し、相手が乗らなかった場合、計画をばらされる可能性があるからです。名張のアジトには行ったことがありましたが、拳銃を見たことはありません。アジトの所有者の男性とは会ったこともありませんし、名前も知りませんでした。私は中村さんが所持している銃は、アメリカでは見たことがあります。実際に射撃場で使わせてもらったこともありました。ただ、日本では、一度も見たこともありません。私は何も知らないまま、結果として狙撃後の逃走を手伝ってしまいましたが、下見などの準備は中村さん一人でやったと思います。

【中村を支援してきた理由】

私が刑務所に入っていない時は、狙撃事件に関する週刊誌のコピーを差し入れたり、中村さんの指示で人に会ったりしていました。拳銃を隠したとして、NHKスペシャルに出てくる相模湖周辺の国土地理院の地図を差し入れたのも私です。中村さんは過去に警察官を射殺して無期懲役になっているのに、名古屋と大阪の事件を起こしました。2度目の無期懲役では、もう生きて外に出て来られないと思いました。中村さんが私のことを話さない限り、私と狙撃事件が結び付くことはないので、中村さんを不憫に思い支援を続けていました。

【真実を打ち明けた理由】

私は以前、ボートの店を経営していました。しかし、私の人生は2000年を過ぎた頃から暗転していきました。店の経営がうまくいかず、車上生活に陥りました。その後は、傷害罪などで逮捕されたり、恐喝で指名手配を受けたりしました。特に指名手配を受けて逃げていた3年間は、東京のインターネットカフェに寝泊まりしながら、日雇いの仕事に出かけていました。今でも自律神経失調症や更年期障害に悩まされ、どん底の生活を送っています。定職にも就いておらず、これまで100回以上職を変えました。失うものは何もありません。唯一の心配は、私が真実を話した場合に実家にマスコミが押し寄せ母親に迷惑がかかることですが、マスコミは私の名前すら知らないとのことなので、その点は信じたいと思います。中村さんが亡くなる前に私が知っていることを話せたらと思いました。真実を話し、長官狙撃事件の真相が明らかになったら、今までの不遇な人生が少しでも好転するのではないか、私自身厄払いができるのではないかと思いました。

2022年4月

初出

毎日新聞本紙及びウェブ連載「Nの記録・警察庁長官狙撃事件」（2023年3月）、「追跡　公安捜査」（2024年6月〜）ほか。単行本化にあたり、大幅に加筆・修正した。

遠藤浩二（えんどう・こうじ）

1982年生まれ。横浜市出身。慶應大学総合政策学部卒。2008年、毎日新聞社入社。鳥取支局、大阪社会部、特別報道部大阪駐在を経て、21年から東京社会部。大阪時代は、大阪府警捜査1課、捜査2課の担当後、大阪市と堺市の上下水道工事不正問題やハイオクガソリン混合出荷問題などの調査報道に取り組む。

追跡(ついせき)　公安捜査(こうあんそうさ)

第1刷　2025年3月5日
第3刷　2025年6月20日

著者　遠藤浩二(えんどうこうじ)

発行人　山本修司
発行所　毎日新聞出版
〒102-0074
東京都千代田区九段南1-6-17 千代田会館5階
営業本部　03(6265)6941
図書編集部　03(6265)6745

印刷・製本　光邦

ISBN 978-4-620-32825-6